焼肉屋は食べ放題なのになぜ儲かるのか？

小倉優子と学ぶ会計学

公認会計士 五十嵐明彦
小倉優子

インデックス・コミュニケーションズ

はじめに

この本を手に取ったあなた！　**ゆうこりん**のファンの方でしょうか？

もしそうなら、本書にはちょっと驚かれるかもしれません。


なんでかって？

この本、意外としっかりとした本だからです。

はっきり言って、気合いを入れて読まないと、理解できないかもしれません。

なんと言ってもゆうこりんが「会計」を学ぶのですから！


ゆうこりんが会計を勉強する本を！　という企画が来たとき、正直言ってそれは無理じゃないかと思いました。

「ゆうこりんが」というところではなくて、「1冊の本で会計を学ぶ」っていうのはとっても大変だからです。

「会計」を学ぶ、ですよ。ものすごく範囲が広いじゃないですか！

会計といってもいろいろな分野がありますから、どこをターゲットにしたらいいのか全然わからず、それは無理じゃないかと思ったのです。

でも、ゆうこりんには、

「焼肉小倉優子」


がありました。

実際に大阪の店舗に行ってみたのですが、客席が100以上ある店舗なのに、ほぼ満席でとても流行っていましたし、コストパフォーマンスも高いなと思いました。

これならば、「焼肉小倉優子」を舞台に**ゆうこりんが会計を学ぶ**という企画も「面白い！」ということで本書ができあがったというわけです。

飲食店というのはとても身近な存在なので、そこでいろいろな事例を使いながら会計について考えてみたら面白いのではないかと思い、ゆうこりんの日常生活から出た疑問、焼肉屋経営についての疑問に対して、会計的な観点から回答してみました。

解説についてしは、会計についてまったく知らないゆうこりんに説明しているため、あえて簡単な方法で説明をしていますが（専門的に言えば多少おかしい部分もあります）、わかりやすさを優先していますのでそこはお許しください。ただ、会計の「入り口」としては十分な本になっています。

これまで会計の本に何度もチャレンジしたけれど、結局頭には何も入っていないという人に、まずは会計アレルギーをなくしてもらえたらうれしいですね。

また本書では、ただ会計を学ぶだけでなくて、**「ポイント還元」**や**「クレジットカード」**などといった身近な事例から、みなさんの生活そのものを「会計的に考えるとこうなるんだ！」という**会計的な発想力**を身につけてもらえると思っています。

本書でぜひ、会計の世界を楽しんでみてください。

２００９年３月

公認会計士　五十嵐 明彦

※私は、「焼肉小倉優子」とは関係のない第三者的立場から本書を執筆しております。
また本に出てくる数値はすべて仮の数値であることを、はじめにお断りしておきます。

焼肉屋は食べ放題なのになぜ儲かるのか？
小倉優子と学ぶ会計学

第5章 なぜ居酒屋はランチをやるのか？

第6章 焼肉屋は食べ放題なのになぜ儲かるのか

第7章 飲み放題ができるわけ

CONTENTS

第10章

多店舗展開　する？　しない？

装幀――――――渡邊民人（ＴＹＰＥＦＡＣＥ）
本文デザイン―――小林祐司（ＴＹＰＥＦＡＣＥ）
本文イラスト――須山奈津希

第1章

「割引」と「無料」はどちらが得か？

「10%割引」と「上カルビ１皿無料」はどっちがお得？

五十嵐先生、こんにちは！

この間、優子がお店（「焼肉小倉優子」）に顔を出したとき、店長から毎週日曜日に必ず来てくれているご家族がいるっていう話を聞いて、とってもうれしかったんです。

そういう常連さんに何かサービスしてあげたいと思っているんですけど、せっかくサービスしてあげるなら、常連のお客様にもお店にとってもお互いにお得なサービスにしたいなぁと思ってて。

やっぱり何回も来てくれる人にサービスをするには、「割引」が一番なのかなぁ？

「割引」「おまけ」「サービス券」……どれにする？

「割引」「おまけ」「サービス券」「ポイント還元サービス」ｅｔｃ……。

常連さんに何かサービスをしてあげようと思ってもいろんな種類があって、何をしてあげるのがお客様にとって、そして、お店にとっていいサービスなのかよくわからないですよね。

この問題を会計をベースに解決する糸口は、**粗利益**《あらりえき》にあります。

経営の基本は「売上をどれだけ増やすか」と、「いかに原価の安いものを売るか」の2つがポイントです。

これを会計的に考えていくと、

売上－売上原価＝売上総利益（粗利益）

商売は必ず利益を生まなければなりません。利益がなければ、会社も店舗も潰れてしまいます。倒産です。

その利益のもととなるのがこの式であらわされる**売上総利益**です。

売上総利益というのは、ビジネスの世界では**粗利益**（あらりえき）または**粗利**（あらり）と呼ばれているものです。

これは店がものを売って（あるいは食べてもらって）稼いだ利益。

売上総利益を増やすためには、**「売上を増やす」**か**「売上原価を減らす」**かのどちらかが必要になります。

この〔売上－売上原価＝売上総利益〕という計算式は、経営を行う上で、もっとも大切な算式になります。この先、さまざまな経営指標を見ていこうと思いますが、まずはこのシンプルな計算式が利益を生み出す出発点だということをよく理解してください。

でも、難しいことじゃないんです。小学校の教科書に出てくるような話です。

問題
りんごを1個60円で買って１００円で売りました。いくら儲かったでしょうか？
（式）１００円−60円＝40円
（答え）40円儲かった。

この小学2年生の算数がわかれば大丈夫です。

売上　１００円（りんご1個の販売代金）
売上原価　60円（りんご1個の購入代金）
売上総利益（粗利益）　40円（りんご1個から生じた儲け）

さて、お客様へのサービスとしてわかりやすいのが、「10％割引」「５００円割引」といった、**お客様が支払う代金を減らしてあげるサービス**ですね。

支払い代金を減らすのですから、お客様は喜んでくれるわけです。

だけど、店側としては儲けだけを考えれば割引なんてホントは……、したくないですよね（笑）。

ならば同じサービスをするなら、**「もっといい方法はないか？」**を考えてみることにしましょう。

上カルビ１皿無料はお客様の満足度が高い⁉

売上－売上原価＝粗利益という式を思い出してください。

「割引」は売上が少なくなること。つまり店側としては**売上を減らすサービス**です。その分だけお客様にサービスしたことになるわけです。

では、売上を減らす以外にお客様にサービスする方法はないでしょうか？

売上－売上原価＝粗利益ですから、もし売上を減らさないのであれば、**売上原価を増やすサービス**を考えてみましょう。

ゆうこりんのお店で、お客様が５０００円のコースをオーダーしたとします。

10％割引だと、割引は５００円です。
お客様は５００円得した気分、お店は５００円売上が減りますから、粗利益が減ります。

同じ５００円を使ってサービスするなら、もっといい方法があります。
何だかわかりますか？
売上原価を増やす方法です。

そう。

「上カルビ1皿無料！」

「何だそんなことか、10％割引と何が違うんだ！」と思わないでくださいね。
確かに両方ともよくあるサービスなんですが、全然違うんです。
上カルビを１人前１２５０円、その原価が５００円だとします。

この上カルビを無料にしてお客様に提供すると、お店がサービスする金額は増えた原価分ですから10％割引と同じように５００円になります。

ところが……。

お客様は、１２５０円得した気分になる！

10％割引のほうは５００円しか得したと思っていないのに、同じ５００円のサービスでもずいぶん違う気がしませんか？

だから、**お客様にサービスするなら、おまけをつけてあげるほうが割引よりもお得感が大きい**んです。

お客様は１２５０円得した気分になるのに、お店の粗利益が変わらないなら、絶対にこっちのサービスをするべきですよね。

「割引」vs「無料」

基本

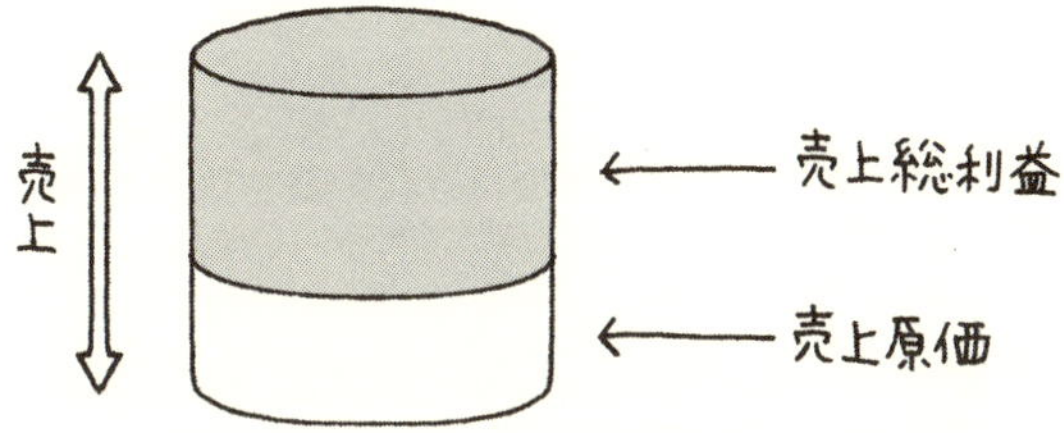

割引

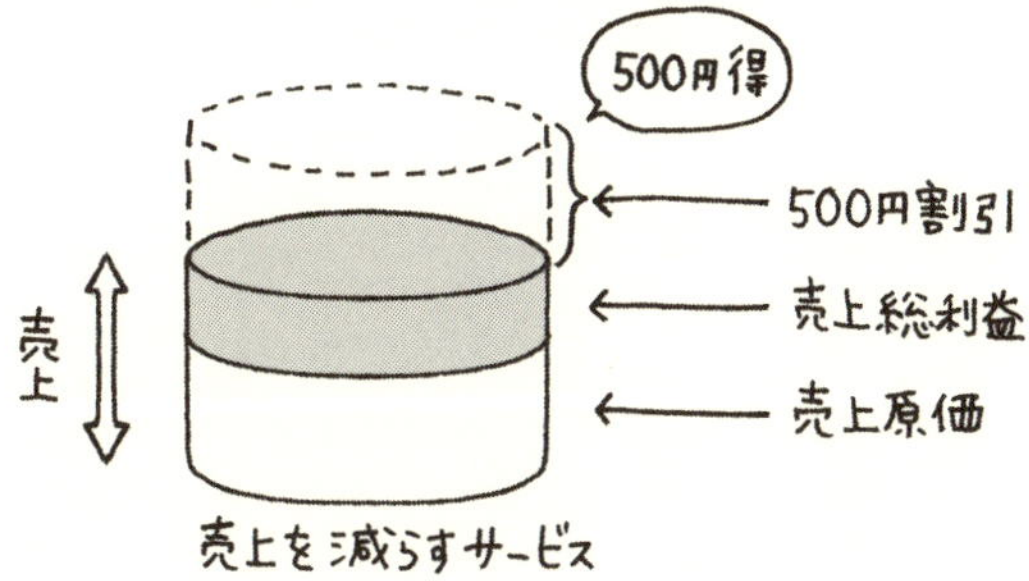

無料

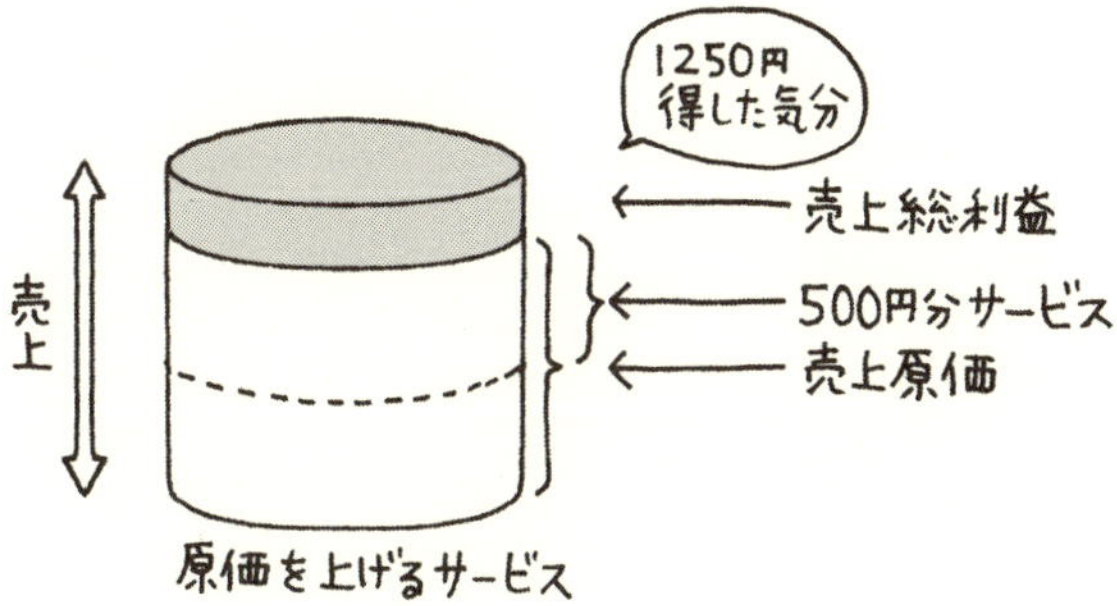

○「割引」と「無料」を比較してみよう

なんとなく騙された気分ですか？
ではこれらのサービスについて、

①何もしない場合
②10％割引をした場合
③上カルビ1皿（原価500円）無料の場合

の3つの場合を比較してみましょう（左ページ参照）。

①は売上総利益が3000円ですが、②も③も粗利益は同額の2500円になっていますね。
これでわかってもらえましたか？

「割引」と「無料」を比較しよう

①何もしない場合

売上	5,000円
売上原価	2,000円
売上総利益	3,000円

②割引をした場合

売上	4,500円
売上原価	2,000円
売上総利益	2,500円

同じ!

③上カルビ１皿無料の場合

売上	5,000円
売上原価	2,500円
売上総利益	2,500円

「割引」も「無料」も利益は同じ。ならば得した気分になってもらえる「無料サービス」の方が良い

◎粗利率と原価率

もう一度、りんごの話に戻りましょうか。

問題

りんごを1個60円で買って100円で売りました。いくら儲かったでしょうか？

（式）100円−60円＝40円

（答え）40円儲かった。

では、次の問題。

りんごを1個60円で買って100円で売って、40円儲かりました。

問題A
りんご1個を売った儲けは、売った値段の何%でしょうか？
（式）40円÷１００円＝40%
（答え）売った値段の40%

問題B
りんご1個を買った値段は、売った値段の何%でしょうか？
（式）60円÷１００円＝60%
（答え）売った値段の60%

どうですか？　わかりましたか？
この問題を会計的な問題にするとどうなるか？

問題A（会計バージョン）
りんご1個を60円で仕入れ100円で売り上げた。粗利率は何%でしょうか？

問題B（会計バージョン）
りんご1個を60円で仕入れ100円で売り上げた。原価率は何%でしょうか？

もうわかりましたね。
粗利率というのは、売上に対する利益の割合を示す比率です。
原価率というのは、売上に対する原価の割合を示す比率です。
どちらも、会計を理解する上でとっても大切な比率ですから、覚えてください。
りんごの問題、暗記ですよ！

さて、上カルビ1皿無料の話に戻りましょう。
今回の例では原価率40%の上カルビ1皿を無料としましたが、原価率が20%の商品があれば、２５００円の商品を無料にしてあげても、お店の負担は同じく５００円。だから、無料提供するものは**原価率の低い商品のほうがよりお得感を出すことができるんです。**

粗利率と原価率は表裏の関係ですから、粗利率が高ければ原価率は低くなることになります。

会社が商売をしていく上でかかる原価は、売上原価だけではありません。さまざまな経費がかかります。

だから、粗利益の金額が大きくないと会社は赤字になってしまうのです。

粗利益の金額を大きくするためには、粗利率が高いほうがいいんです。

よく会社の優劣を比較するときに、売上高を比較しますが、本当は売上高よりも粗利益の金額を比較する必要があるのです。

原価０円のサービス

「焼肉小倉優子」では、いま、**誕生日サービス**をやっていますね。

これは大正解です。なぜならゆうこりんはすでに、**「割引」**ではなく**「無料サービス」**（誕生日に来てもらったらバースデーソングを歌って（原価0円）、フルーツをプレゼントするというサービス）を選択しているということだからです。

ですからぜひ今後も常連さんにこのサービスを続けてあげたらいいのではないでしょうか。

ご家族でいらっしゃるお客様には、お店のグッズを使って店員さんがちょっとお子さんと遊んであげるというのもいいですね。何といっても、サービスはまず気持ちが大切ですから。

第2章

「割引」と「ポイント還元」はどちらが得か？

なぜ
ポイントカードが
流行るのか？

先生、この間雑誌で読んだんですけど、「10%割引」よりも「10%ポイント還元」としたほうが、売上が伸びるって本当ですか？

同じ 10%なら、確かに優子もポイント還元のほうがうれしいかも。だってポイントを貯めた後で、タダで何かが買えると、なんだか得した気分になっちゃうんだもん。

でも、貯めたけど使わないポイントもたくさんあって……。ポイント還元サービスって、「焼肉小倉優子」でもできるのかな？　お店的にもいいことっていっぱいですか？

ポイント還元は何パーセントの割引か？

最近どこの家電量販店に行ってもポイント還元ですね。

では早速、ポイント還元サービスの導入を考える前に、まずは、ポイント還元のしくみについて知っておきましょう。

ポイントって不思議な魅力があるんですよね。

私も昔は貯めていたことがあるんです。昔は……ですよ。家電量販店でポイント貯めて、そのポイントでｉＰｏｄでも買えちゃうとすごく得した気分になっていたんですよね。

この**心理的な作用をついているのがポイント還元サービス**ってわけです。確かに割引よりもポイント還元サービスのほうが**売上の効果が上がるらしい**ですね。

さて、ここで問題です。

「10%割引」と「10%ポイント還元」はホントはどっちが得かわかりますか？

お客様側から見ると「10%割引」っていうのは、1万円のものが9000円で買えるということ。

対して「10%ポイント還元」は、1万円買うとポイントが1000円分つくということ、つまり1万円で1万1000円分の買い物ができるってことなんです。

わかりますか？

これは言い方を換えると、店にとっては1万1000円のものを1000円引きの1万円で売るってことです。

では、10%ポイント還元の割引率は何%でしょうか？

「そんなこといきなり言わないで」って？　1万1000円のものを1万円で売るん

だから、割引額は1万1０００円に対して1０００円でしょ。だから、

（式）１０００円÷１１０００円≒９・０９％
（答え）割引率　９・０９％

つまり、**「10％割引」と「10％ポイント還元」は同じ10％でも、実は割引率で見ると「ポイント還元」のほうが店にとっては得（10％＞９・０９％）なんです。**

それなのにポイント還元サービスのほうが売上の効果が上がるなら、これは店にとってはかなりお得なしくみですよね。

整理をすると、

（店の経営という立場で考えたとき）
ポイント還元の方が得！

（お客様の立場からすると）

割引サービスの方が得！

ということです。

◎100％ポイント還元

わかってもらえましたか？　えっ？　わからないって。

それじゃあ、10％だとちょっとわかりづらいかもしれないので、もっとわかりやすくするために**100％**で考えてみましょうか。

まずは「100％の割引」。これは100％の割引率ということ、つまり**タダ**ってことですね。まあ通常はあり得ないので、わかりやすくていいです。

では、「100％ポイント還元」というのはいったい何割引なのでしょうか？

10％のときと同じように考えてみると、1万円の売上に対して1万円分のポイント

ポイント還元率 vs 実質割引率

ポイント還元率	受け取り金額	商品合計額	実質割引率
10%	1万円	11,000円	9.1%
20%	1万円	12,000円	16.7%
30%	1万円	13,000円	23.1%
40%	1万円	14,000円	28.6%
50%	1万円	15,000円	33.3%
60%	1万円	16,000円	37.5%
70%	1万円	17,000円	41.2%
80%	1万円	18,000円	44.4%
90%	1万円	19,000円	47.4%
100%	1万円	20,000円	50.0%

※1万円の商品を販売した場合

「実質割引率」は「ポイント還元率」よりも低くなる!

をつけるということですから、店側としては、２万円のものを１万円で売るということになります。つまり、割引率で言うと50％になりますね。

（式）　１００００円÷２００００円＝50％
（答え）　割引率　50％

「１００％割引」は割引率１００％、「１００％ポイント還元」は割引率50％！

これだけ差があると、さすがに気がつきますよね。
そう。割引率は「ポイント還元」よりも、「割引」の方が高いのです。

ポイントは貯める？　使う？

以上の理由で、もしゆうこりんが「焼肉小倉優子」でこうしたサービスを導入するなら、当然店の立場に立つことになりますので、**「割引」よりも「ポイント還元サー**

ビス」を選択すべきです。

でも理由はこれだけじゃないんです。店が「割引」よりも「ポイント還元サービス」を導入するメリットが、（割引率の問題以外に）実はもう1つあるんです。

日本人は何かを貯めることがとても好きな人種です。ポイントを貯めながら楽しんで買い物ができたらそれで十分、というところが少なからずあるものです。割引よりもポイントが好まれるのは、「ポイントを所有することが楽しいから」なんでしょうね。

だから、**日本ではポイント還元サービス大歓迎！**　なのです。

さてここで問題ですが、お客さんがポイントを使った場合と貯めた場合、店にとってはどんな違いがあるでしょうか？　これを理解するために、お客さんがポイントを使った場合と貯めた場合のお店の粗利益を見てみましょう（35ページ参照）。

お客さんがポイントを使った場合、お店の売上は1Fの買い物1万円と2Fの買い物9000円（10000円－ポイント1000円）で1万9000円。ポイントが使われなかった場合は、2万円です。

つまり店にとっては、ポイントは貯めてもらった方が、利益が多くなるんです。

家電量販店で買い物をすると必ずこう言われないですか？

「いまあるポイントは貯めておいていいですか？」

このマニュアル、ポイント還元サービスを導入するときには、非常に重要な言葉になります。これっていかにも**貯めることを前提にした言い方**ですよね。

私はいくらであっても必ず使うことにしているので、「使ってください」と言うようにしていますが、「100円くらい貯めておきましょうよ！」と言われたことがあります。「ポイントを使うかどうかはお客（私）の自由じゃないか！」と思っちゃいましたが、裏にはこうしたカラクリがあるんですね（私はそのあともちろん、すぐに「使ってください」と言いましたけど！）。

問題

家電量販店の1Ｆで1万円の買い物があり、ポイント10％分1,000円を還元した。その後に同じお客様が2Ｆで1万円の買い物をした。

1万円の商品の原価はどちらも8,000円。

2Ｆでの買い物でお客様がポイントを使った場合と、ポイントを貯めた場合のお店の粗利益はいくらでしょうか？

答え

	ポイントを使った場合	ポイントを貯めた場合
売上	19,000円	20,000円
原価	16,000円	16,000円
利益	3,000円	4,000円

「いまあるポイントはお使いになりますか？」

ではなくて、

「いまあるポイントは貯めておいていいですか？」

と言う（店にとってはこれが大事）。

インターネットでもポイントが貯まるサービスってたくさんありますよね。私は、本やサプリメントなどをよくインターネットで買うのですが、インターネットで買い物をすると必ずこうなっているんです。

まず注文をして支払の画面に行くと、選択画面が出てきて、

- **ポイントを利用する**
- **ポイントを利用しない**

なぜかここで、**「ポイントを利用しない」の方があらかじめ選択されているん**です。

もちろん私は「ポイントを利用する」に変えて先に進みます。
そうすると、次はどうなるかというと、

● ポイントの一部を利用する
● ポイントのすべてを利用する
● ポイントを利用しない

っていう画面が出てくるんです。

「ポイントを利用する」って言ってるのに、なんでまた、「ポイントを利用しない」なんて聞くんだ！　って、怒りたくなっちゃうわけです。
仕方がないので、「ポイントのすべてを利用する」を選択すると、やっと過去の買い物で貯まっていたポイントがすべて使えることになります。

なぜお店はポイントを貯めさせようとするのか？

それはもちろん、

ポイントを貯めてもらった方がお店が得だから！

まあ、決まってますね。お店が損することをそんなに一生懸命やるわけないですから。

だから、ポイント還元サービスを導入する場合は、できるだけポイントを貯めてもらうしくみを作らなければならないのです。

では、お客様にとってポイントを貯めるとはいったいどういうことなのでしょうか？

先の例で言うと、1000円支払いが安くて済むところを、1000円多くお店に支払うのですから、1000円店に貸すのとまったく同じ話なんです。それも**無利息**で。

もう少し身近なたとえで言うならば、1000円でそのお店の商品券を買うのと同じことなんです。

次回の買い物をするのに、商品券を買って帰る人なんていないですよね。

ポイントを貯めるってことは、自分の手元に１０００円札があるのと、そのお店の１０００円分の商品券があるのとどっちがいいですか？　と言われて、１０００円分の商品券のほうがいいと言っているということ。


これ、おかしいですよね。


でも、これがポイント還元の魔法です。

１０００円の商品券を買ってもらえるんだから、店にとってはこんなにおいしいサービスはないわけです。

会社がお金を借りると、あとから返さなければいけませんね。

店ならばもし商品券を買ってもらったら、あとでその商品券と引き換えに商品をお客様に渡さないといけません。

このように、返さなければいけないとか、商品をお客様に渡さないといけないといった義務のことを、会計の世界では**負債**と言います。

1000円ポイントを貯めてもらうと、お店は将来1000円分の商品を渡さないといけないですから、1000円の負債を抱えることになります。

「なんだ、やっぱり借金を抱えるんじゃないか！　お店は得していないじゃないか！」って？

そんなことありませんよ。

ポイントは実際に使われるとは限りません。

みなさんの財布や机の中にも貯まったままのポイントがたくさんありますよね。使われても、借りたお金を返すだけ、使われなければ、借金の踏み倒し……。

いやいや、踏み倒しじゃないですね。**お客様からの寄付**です。

やっぱりポイント還元サービスはお店にとってとてもお得なサービスですね。

だから、割引サービスよりも、ポイント還元サービスのほうがお得なんです。

でも、ここまでの話を聞いて、ポイント還元サービスってどう思いますか？　確かに、お店に来てくれたお客様が楽しむことができるという観点からはいいサービスかもしれませんが、本当にお客様にとっていいサービスなのか？　ということを考えると、**お店側に都合がいいサービス**のように思えて仕方がないですね。

だから、ゆうこりんのお店ではポイントサービスを導入せず、メニューの値段を考えるときに、最初からできるだけ安い値段に設定して、来てくれたお客様に、いつでも安くておいしいお肉を食べてもらえるようにしたというのはとてもいい考えだと思います。

ただくれぐれも、ゆうこりんがポイント還元サービスのあるお店で買い物をするときは、必ず毎回、**ポイントは貯めるのではなくて使って**くださいね。

ポイントを貯めて使うなら還元率の低い商品に使う

最後にちょっとおまけですが、もしゆうこりんがどうしてもポイントを貯めて貯めて最後に使いたいなら、ポイント還元率の低い商品に使うべきです。

家電量販店に行くと、ポイント還元率が一律ではなくて、商品によって10％〜20％くらいの幅がありますが、あれは、お店側がどれだけその商品を割り引けるか？　というところで決まっているのでしょう。原価率が高いものは還元率を高くはできないですからね。

たとえば家電量販店に行って、1万円の商品を3つ買うとします。

ポイント還元率は1つが10％、2つが20％だった場合、どのように買うのがお得でしょうか？

次の図を見てもらうとわかるように、還元率20％の商品にポイントを使うより、20％の商品についてはポイントを貯め、還元率10％の商品に使った方が実質的な支払

ポイントを貯めて使う場合

例）１万円の商品を３つ買う

ポイント還元率 10%　ポイント還元率 20%　ポイント還元率 20%

1　B → C → Aの順で買う場合（B、Cのポイントは貯める）

	B →	C →	A
支払い額	1万円（2,000P ゲット！）	1万円（2,000P ゲット！）	6,000円　1万円 − ポイント分 4,000円
ポイント合計	600P		

実質25,400円の支払い

2　A → B → Cの順で買う場合（A、Bのポイントは貯める）

	A →	B →	C
支払い額	1万円（1,000P ゲット！）	1万円（2,000P ゲット！）	7,000円　1万円 − ポイント分 3,000円
ポイント合計	700P		

実質26,300円の支払い

１の方が実質支払い額は安い！

い額が安いことがわかります。

ポイントによる支払い分は、ポイントの対象にならないしくみになっているので、ポイントはポイント還元率の低い商品で使うようにすること。これが賢いポイントの使い方です。

第3章

セットメニューのトリックの謎を解け

なぜ
ハンバーガー屋は
セットメニューを勧めるのか

五十嵐先生。事務所に来る途中にハンバーガー屋さんが
できていたので、先生の大好きなチーズバーガーの差し
入れです！
本当はチーズバーガーとドリンクをそれぞれ単品で買っ
てこようかと思ったんだけど、セットの方がお得だった
から、優子、チーズバーガーセットを買ってきました。
一緒に食べましょう？
でも、チーズバーガー１２０円、フライドポテト（M）
が２５０円、ドリンク（M）が２００円で合計５７０円
なのに、なんでセットだと４８０円になるんだろう？
「焼肉小倉優子」でもそんなことができたら、お客様、
喜んでくれるかなあ。

セットメニューのトリック

ゆうこりんの言うように、バラバラで買えば５７０円かかるものが、セットだとなぜか４８０円になってしまうというのは、とても不思議ですね。

お客さんにとってみると、とてもお得感があるのですがお店にとってはどうなのかって気になります。

ハンバーガー屋のセットメニューは、マクドナルドのサンキューセット（３９０円）にはじまったと言われていますね。私がまだ子どものころですが、よく食べた記憶があります。

単純に考えると、お店にとっては５７０円の売上が４８０円の売上になってしまうので、90円損をしているように思えるのですが、実はお店にとって**セットメニューはおいしいしくみ**なんですよ。

それではなぜ90円も売上が安くなってしまうセットメニューが、「おいしいしくみ」

と言えるのか？

実はここには、組み合わせのトリックが隠されているのです。

セットメニューの組み合わせ

ゆうこりんの買い物を例に、これを会計的に考えてみることにしましょう。

もちろんお店によって若干の違いはあるでしょうが、一般的に**ハンバーガーの原価は1個当たり40円、フライドポテトの原価は1個当たり15円、炭酸系飲料の原価は1杯当たり10円程度**と言われています。

この原価の違いに実はトリックが潜んでいます。

それではゆうこりんの差し入れによって、どれだけお店は儲かったでしょうか？

（売上）　４８０円
（原価）　40円＋15円＋10円＝65円
（利益）　４８０円－65円＝４１５円

と４１５円儲かったことになります。

それでは、もしゆうこりんが私の大好きなチーズバーガー１つとドリンクを買って来てくれていたらどうでしょうか？

（売上）１２０円＋２００円＝３２０円
（原価）40円＋10円＝50円
（利益）３２０円－50円＝２７０円

お店の売上も利益も少なくなってしまいます。

実は、**ゆうこりんがお得だと言ったセットメニューの方が、お店は儲かることになるのです。**

それでは、なぜ、お得だと思っていたセットメニューの方が店側は儲かるのか？

不思議ですね。

フライドポテトが稼ぎ頭

お客さんにお得感を与えるセットメニューがなぜ儲かるかと言うと、実は、チーズバーガー、フライドポテト、ドリンクのそれぞれがいくらの利益を稼いでいるかにポイントがあります。

メニューの金額と原価を比較すると、単品ごとの利益がわかります。**ハンバーガーは1個売れると80円、フライドポテトは1個売れると235円、ドリンクは1杯売れると190円とポテトが圧倒的に儲かるのです。**つまり、ハンバーガーだけ買うお客さんばかりだとハンバーガー屋は儲からないしくみになっているということです。だから、お店はセットメニューを勧めるのです。

またこれは、ハンバーガーだけでは物足りない、でも、フライドポテトを単品で頼むと高いというお客様の心理をうまく突いた、ものすごく考え抜かれたセットになっています。

セットメニューのトリック

単品の場合

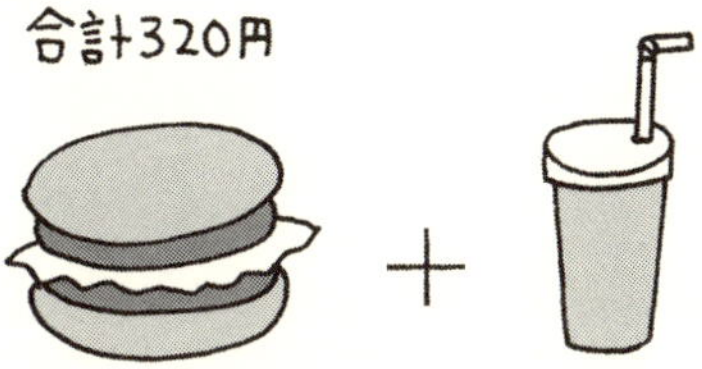
合計320円

売上　320円
原価　　50円
270円の儲け！

160円足せば ポテト がつく
ならセットにしちゃおうかなー

セットの場合

合計480円

売上　480円
原価　　65円
415円の儲け！

強制的に利益率の
高いポテトをつけること
で利益UP！

ポテトもついてお得！
と思ったセットの方が実は利益が大きい

ハンバーガー屋では、セットメニューのオーダー比率が70％を超えていると言われているので、ハンバーガー単品の単価を下げても、セットメニューを頼んでもらえれば、利益が出るしくみになっていたのです。

「ご一緒にポテトはいかがですか？」

というのはハンバーガー屋でお馴染みのセリフですが、このセリフの意味もよくわかりますね。

売上を増やすだけでなく、利益も大きく増えるからです。

でも、どんなにお店が勧めても、ポテトの注文比率は70％もあることはないですから、**ハンバーガー屋は、セットメニューを作ることによって、利益率の高い商品を販売することに成功した**のです。

利益率の高い商品をセットメニューにする

飲食店を経営する場合、売上高に対する原価率は30％程度に抑える必要があると言われています。

メニューには原価率が高いものもあれば低いものもありますが、メインの商品というのは原価率が高い場合が多いものです。

ハンバーガーもそうですね。

（ハンバーガー屋におけるメイン商品＝ハンバーガーの原価率）
（式）40円÷120円≒33・3％
（答え）原価率　33・3％

「焼肉小倉優子」にしてもメインの肉がもっとも原価率が高いですよね。

そこで、それ以外のメニューをうまく取り入れながら原価率を抑えるしくみを作る

ことによって、利益率を高くしていくことが可能になります。

このしくみを作るのが「セットメニュー」です。

ですから、メインの商品だけでセットメニューを作るのではなく、**メインの商品＋サイドメニューでセットメニューを作り利益を上げることが経営の上では大切**です。

また、セットメニューだけでなく、「一緒にポテトはいかがですか？」というサイドメニューの勧めも利益率アップにつながります。

これは**バンドセール**というものです。

テレビの通販番組でこの手の手法はよく見られます。

みなさんもうっかりいらないものまで「安い！」とセットで買ってしまっていませんか？

バンドセールとは？

そうじ機　１万円
浄水器　3,000円　＝　~~13,000円~~　⇨　なんといまなら セットで **11,000円**

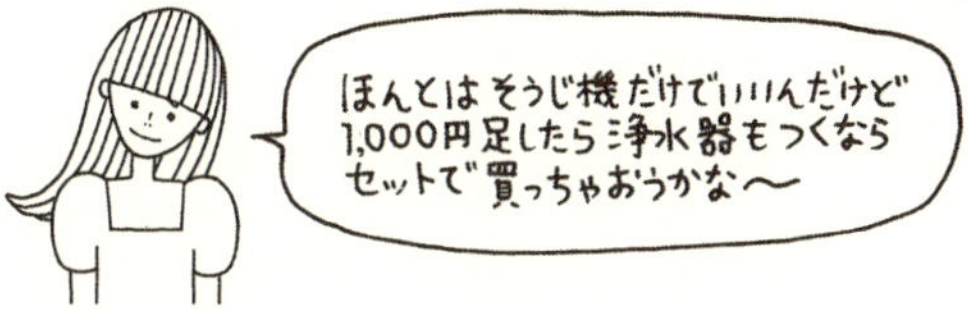
ほんとはそうじ機だけでいいんだけど
1,000円足したら浄水器もつくなら
セットで買っちゃおうかな〜

原価を見ると……

	定価	原価	粗利益
そうじ機	１万円	7,000円	3,000円
浄水器	3,000円	500円	2,500円
合計	~~13,000円~~ 11,000円	7,500円	3,500円

check！

そうじ機単品で売るよりもセットで
売った方が500円粗利益が高い！

粗利益の高い商品をおまけにつけてセットで売る（バンドセール）と、粗利益UP!!

◎飲食店の損益計算書

飲食店の材料費の比率は30％程度と先述しました。つまりメニューにある金額は材料費の3倍以上の金額ということになります。これだけを聞くと、ずいぶん高い気がしますが決して高いものではありません。

売上1000円のものについては、300円が**材料費**です。

ですが、そのほかに飲食店にはどんなコストがかかるか考えてみてください。

材料費の次に高いのは**人件費**です。人件費には調理をする人、ホールで働くスタッフなどがいます。人件費はやはり売上高の30％程度の比率になります。1000円の売上に対して働いてくれている人に対する支払いが300円です。

次に場所代、つまり**家賃**がかかります。家賃はおおむね売上高の10％程度。1000円の売上のうち100円が家賃に充てられます。

このほかにも**広告宣伝費**や**水道光熱費などの諸経費**が10％くらい、やはり1000

円の売上に対して100円がかかって、残り200円がお店の利益になります。

この利益がすべてお店の利益になるかというとそんなことはなく、出店したときの設備の償却や**借入金の利息**に充てられる部分もありますし、**税金**もありますので、実際にお店に残るお金はほんのわずかです。

こうした**売上がどのように使われているのかを表す書類を「損益計算書」**と言います。飲食店の損益計算書というのは簡単に表すと59ページの図のようになっています。


損益計算書は、会社の儲けのしくみを段階的に計算できるもの。いくら儲かったかというのは会計の基本ですが、その儲けがどのように出たのかということを知るために、段階を踏んで計算することになります。そのためにこの損益計算書が作られます。

まずは、この表の形式を理解しましょう。

◎利益の種類

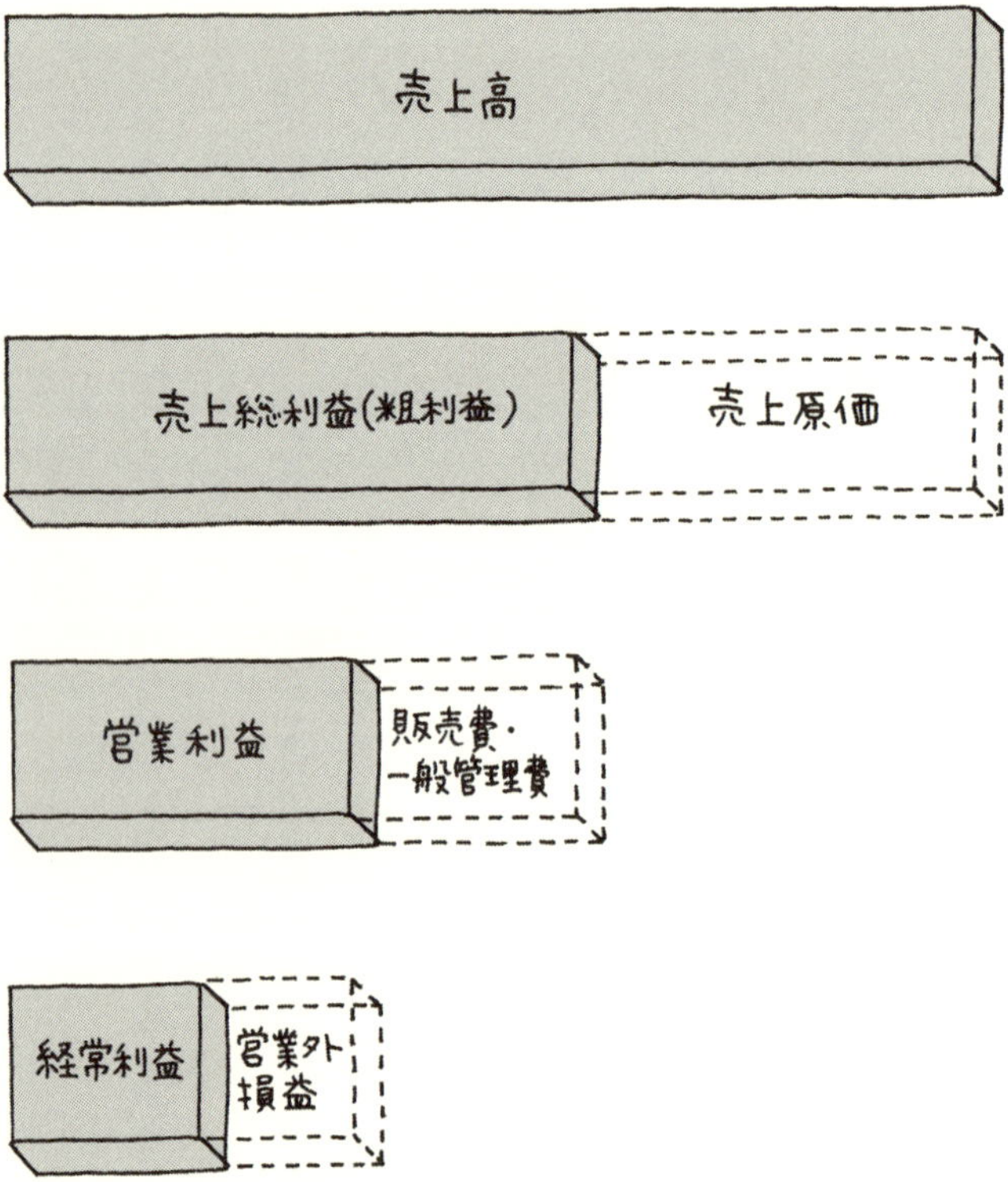
売上高
売上総利益(粗利益)
売上原価
営業利益
販売費・
一般管理費
経常利益
営業外
損益

◎飲食店の損益計算書

売上高	1,000	→会社の売上金額	
売上原価	300	→材料費	
売上総利益	700	→粗利益	
人件費	300	スタッフ（バイト）の給料	販売費・一般管理費
地代家賃	100	→給料や広告宣伝費、家賃など会社の営業にかかる経費の総称	販売費・一般管理費
諸経費	100	広告宣伝費や水道光熱費	販売費・一般管理費
営業利益	200	→本業での利益	
営業外収益	10	利息などの収入	営業外損益
営業外費用	120	借入の利息など	営業外損益
経常利益	90	通常の会社の利益	

ゆうこりんセットを作る

「焼肉小倉優子」でも、ハンバーガー屋と同様に、セットメニューを作れば、売上アップ、利益の増加を見込むことができます（ゆうこりんのお店では食べ放題メニューもあるので、グランドメニューを注文のお客様に限りということになりますが）。

たとえば、原価率が40％を超えるカルビと原価率の低いキムチをセットにしてさらにドリンクをつければ、ハンバーガー屋のセットメニューと同じようにお客様にもお得感が出ますし、お店にも利益が出ます。

たとえば**「ゆうこりんセット」**。1皿500円のカルビに1ドリンクさらにはキムチまでついて1100円！　なんていうのはいいですね。テレビ通販みたいですけど。

もしくは、肉のオーダーを受けるときにキムチを勧めてみてもいいですね。

私がよく行く焼肉屋では、ロースを注文すると「ネギを一緒に巻いて食べるととて

◎ゆうこりんセットを作ったら……

単品　540円の儲け！

売上　900円
原価　360円

カルビ 500 円　ビール 400 円

ゆうこりんセット　680円の儲け！

売上　~~1200円~~ 1100円
原価　420円

カルビ 500 円　ビール 400 円 + キムチ 300 円

1品サービスしても利益率が高ければ売上が上がり利益も増える！

もおいしいですよ！」と勧められます。そのネギもただのネギではなくて特別なネギ（味付白髪ネギなど）だと、どうしても食べたくなってしまいます。

利益率の高い商品のこういう自然な勧め方は、客の側にとっても嫌な感じがしなくて、とってもいい利益構造になっています。

ハンバーガー屋のようにただ「ご一緒に」と勧めるだけではなくて、食べ方を提供することで、売上も利益も増やしてしまうなんて、一石二鳥です。

原価率を40％と仮定すると、1皿500円のカルビ1人前と1杯400円の生ビールがオーダーされると、売上900円に対して原価は360円、利益540円です。

これに対してゆうこりんセットは、1皿300円のキムチをさらにプラスして単品価格の合計1200円よりも安い1100円で販売しても、キムチの原価率は20％ですから、原価は60円アップするだけ。原価は60円アップしますが、売上は単品で売るよりも200円増えますから、利益が140円増えることになります。

こうやって、**売上を増やしながら原価率を下げていく**という会計的なテクニックもビジネスにはとても重要ですね。

第4章

カード払いでクーポン券が使えないわけ

カード払いと
クーポンの謎

五十嵐先生、優子、来月旅行に行くことになりました！

カード払いでマイルが貯まったからホテル代だけで旅行ができちゃうの。うれしいです。

そういえば、最近は公共料金の支払いも全部カードに変えたんです。カードで支払えばマイルが貯まってうれしいんだもん。

でも、この間、レストランでご飯を食べたときにクーポン券を使ったら、カードでは支払えなくて現金のみって言われちゃいました。どうして、カードではだめだったんだろう？

カードでも現金でも同じじゃないのかなあ？

クレジットカード払いは嫌われる？

お店で使えるクーポン券を見ると、「クレジットカード払いは不可」となっていることがありますね。クレジットカードが使える店なのに、「どうしてクーポンが使えないんだろう」と思いますよね。

その理由はいくつかあるんですが、基本的にお店はカード払いが嫌いなんです。それはなぜかと言えば、**カード払いはお店にとって不利**だからです。

最近は、ポイントやマイルを貯めるためにクレジットカードを使う人が増えていますよね。私もそうです。ちょっとした買い物でもほとんどカードで支払います。

私もマイルを貯めているので、もちろんマイルが貯まることもうれしいのですが、利用明細が送られてくることによって、自分が何にお金を使ったのかがわかるのも便利ですよね。

使う側としてはものすごく便利なのですが、**どうしてお店には嫌われてしまうので**

しょうか？

◎痛い痛い手数料

お店でクレジットカードを利用できるようにするために、店側はカード会社に**加盟店手数料**という手数料を払います。

この手数料がクレジットカード払いが嫌われる一番の原因です。手数料は売上代金に対して一定の率を支払わなければなりません。飲食店だと**4～5％**くらいでしょうか。この手数料率は、カード会社とお店との力関係によって決まります。

店舗数が多くてカード利用額が多額など、カード会社側が契約したいと考えるお店の場合には手数料率は低くなり、反対に小さなお店の場合には手数料率は高く設定されます。

カード会社からお店に代金が振り込まれる際、手数料は差し引かれて振り込まれるしくみになっています。１０００円の売上で手数料率が５％だと手数料は50円ですよ

現金払い vs カード払い

現金払い	
売上高	1,000
売上原価	300
売上総利益	700
人件費	300
地代家賃	100
支払手数料	0
諸経費	100
営業利益	200
営業外収益	10
営業外費用	120
経常利益	90

VS

カード払い	
売上高	1,000
売上原価	300
売上総利益	700
人件費	300
地代家賃	100
支払手数料	50
諸経費	100
営業利益	150
営業外収益	10
営業外費用	120
経常利益	40

5%の手数料

利益が50減る

カード払いの場合、手数料分、利益が減ってしまう

店は手数料をカード会社へ払う一方でカード払いによって売上げ確保のために導入。

ね。そうすると、クレジットカード会社からお店に振り込まれる金額は９５０円になるわけです。

店としてはなんだか損した気分ですよね。

売上の５％が差し引かれた場合の利益は、これまで見てきた損益計算書で見てみると、先のページのように変わります。

90円あった利益が40円になってしまう……。ならまだしも90万円が40万円になっては大問題です。

実際には、すべてのお客さんがカードを使用するわけではなく**使用率は20％前後**に落ち着くようですから、こんなことは起こらないのですが、５％の手数料を支払わなければならないというのがいかに大変なことかわかってもらえますよね？

それでも、**カードを使えるようにしたほうが売り上げが確保できる**ため、お店としてはカード払いを導入するというわけです。

お店としては、当然クレジットカードの利用が売上の一定割合を占めることは想定します。ですから、メニューの値段を決めるときには**クレジット手数料分を上乗せ**しないと、商売は成り立たないですね。

ひどい店になると、カード払いをしようとすると手数料をお客さんに要求する店もあります。本当はカード会社との契約違反のはずなのに、です。

最近は少なくなったと思っていたのですが、先日久しぶりに地元のイタリアンレストランで「カード払いですと手数料が10％つきますので現金でお支払いになったほうがお得です」と言われました。それならばなぜカード会社と契約をするのかわかりませんね。

なぜクレジットカード払いはクーポン券が使えないのか？

クレジットカード払いではクーポン券が使えない理由は、もちろんこの手数料があるからなのですが、単純に手数料がかかるからクーポン券を使わせないというだけの話ではないんです。

第2章でお話ししたポイント還元って、現金払いとカード払いで還元率が違いますよね。たとえばポイント還元率が現金払いでは20％のときどうしてカード払いだと10％になってしまうのでしょうか？

これもこのクーポン券とまったく同じ話なんです。

この間、マラソンシューズを買ったのですが、そのお店では現金払いの場合はポイントをつけますというサービスをしていました。カードで支払ってほしくなさそうでした。

実はお店は、「クレジットカード払いだからクーポンは使わせない」というよりは、「カード会社に手数料を支払うくらいならお客さんに還元しよう」と思っているんです。

どういうことかというと……？

1000円の売上があったとします。

お客さんがクレジットカードで払うとクレジット手数料が5％の場合、お店に入ってくる代金は950円ですよね。だったら、お客さんが現金で払ってくれるなら5％割引きをしてあげてもいいじゃないかと思いますよね。

クレジットカード会社を儲けさせるくらいなら、いつもお店に来てくれるお客さんに喜んでもらおうと。

そこで、クーポン券を発行するんです。「現金で支払ってくれるなら、割引しますよ」というメッセージをつけて。

◎ 50円はお客さんに！

損益計算書で比較してみましょう。

現金払いのみクーポン券を使えるとすると、クーポン券利用とカード払いとでは利益はまったく同じになります。

売上が50円減るかカード会社に手数料を50円払うかの違いです。

利益＝収益－費用

なのです。
収益というのは売上と考えてください。
利益を増やす要因も減らす要因も収益と費用なんです。

クーポン券とカード払いの差は、

- **売上が減る（お客さんに還元）……クーポン券**
- **費用が増える（カード会社に手数料を払う）……カード払い**

のどちらを選択しますか？　ということです。
みなさんが、お店の人だったら間違いなくお客さんの支払いを50円減らしてあげたいと思いますよね？

クーポン券利用とカード払いを比較しよう

売上が減る

5%割引

クーポン券利用	
売上高	950
売上原価	300
売上総利益	650
人件費	300
地代家賃	100
支払手数料	0
諸経費	100
営業利益	150
営業外収益	10
営業外費用	120
経常利益	40

→同じ←

カード払い	
売上高	1,000
売上原価	300
売上総利益	700
人件費	300
地代家賃	100
支払手数料	50
諸経費	100
営業利益	150
営業外収益	10
営業外費用	120
経常利益	40

5%の手数料

費用が増える

これがクーポン使用時の「クレジットカード払いは不可」の理由です。

カード払いとキャッシュ・フロー

キャッシュ・フローという概念があります。

「キャッシュ・フロー計算書」「キャッシュ・フロー経営」という言葉を聞いたことがある人も多いかもしれませんね。

わからないという人は**資金繰り**と考えてください。

実は、クレジットカードが嫌がられるもう1つの理由は、キャッシュ・フローが悪くなるからなんです。

手数料のことはちょっと忘れて、単純に現金払いとカード払いを比較してみましょう。同じ1000円の売上だし、カード会社からお金が入るんだから、どうしてキャッシュ・フローが悪くなるんだ？　と思いますよね。

会社はどんなに損をしても、お金さえあれば倒産しないんです。反対にどんなに儲かっていてもお金がなくなったら倒産してしまいます。

それでは、現金払いとカード払いでどれだけキャッシュ・フローが違うかを見てみましょう。

◎あっという間にお金がなくなる!?

ちょっと単純化して話をします。１０００円の売上をあげるためには、先の損益計算書の例では原価が３００円かかります。この原価となる食材３００円を購入する場合、いまお店にあるお金が３００円だとすると、**これで店のお金はなくなってしまいます。**


さて、お客さんが来て食事をしました。代金の支払いです。

現金で支払ってくれれば、手元のお金が１０００円になりますから、また、商売を続けることができます。

では、このお客さんが「カードでお願いします」と言ったらどうでしょうか？

そこで商売は終わりです。

人件費も家賃も支払うことができません。お金を支払うことができなければ、商売を辞めなければならなくなります。

倒産です。

代金は1か月後にカード会社から支払われますが、そのときにはもう商売は終わっています。ものすごく話を単純化しましたが、いわゆる「**黒字倒産**」というのはこのようにして起こるのです。

◎回収は早く、支払いは遅く

経営の基本は、「**代金の回収は早く、支払いは遅く**」です。

回収よりも支払いの方が早くなると必ずお金が足りなくなります。

仕入れの支払いなどはできるだけ後にしてもらい、売上代金についてはできるだけ現金で支払ってもらってすぐに回収しないといけないのです。

カード払いだとお金を回収するのに1か月かかりますから、キャッシュ・フローが悪くなります。

反対に仕入れの支払いを1か月待ってもらえるようになると、キャッシュ・フローは良くなりますね。代金をすぐに現金で払わずに、支払いを待ってもらうことを**掛（かけ）**と言います。飲み屋の〝つけ〟と同じですね。

◎個人の資金繰りも同じ？

ちょっと反対（お店ではなくてみなさんの側）からも考えてみましょう。「代金の回収は早く、支払いは遅く」というのは、私たちの資金繰りでもまったく同じです。

クレジットカードを利用すると、支払いが1か月後になりますよね。そうすると、資金繰りは良くなります。

こういう話をすると、「1か月後に支払うんだから同じじゃないか！」とか「そういうことを言う人がいるから自己破産する人が増える」と言う人がいますが、大きな間違いですね。

自己破産は自己管理の問題ですから、私の専門ではありませんが、資金繰りについて言えば、**そういうものではありません。**

何度も言いますが、**回収は早く、支払いは遅くが鉄則**なのです。

一番わかりやすく説明しようとすれば、自分の給料の支払いが1か月遅くなって、自分の口座にお金が振り込まれなくなったらどうなるかを考えてみてください。

「1か月後に入ってくるんだから同じじゃないか」

と言えますか？　そんなことは言えないですよね。ものすごく資金繰りが苦しくなりますよね。

クレジットカードを使えば支払いが1か月遅くなるのですから、ポイントやマイルが貯まるだけでなく、資金繰りを良くするというメリットもあるんです。

仕事をはじめたばかりの頃の話ですが、私の友達にも、給料日前で資金繰りが苦しくなると、人数を集めて飲み会をして、みんなからお金を集めた上で、自分はクレジットカードで支払いをしている人がいました。


「ごめん、みんなからちょっとお金借りるね」


と言って。

５人の飲み会で１人５０００円集まれば、自分を除いた４人から２万円を集めることができるので、給料日前の一時的なピンチなら十分にしのぐことができますよね。

高金利の借金をして利息を払うよりもよっぽど頭がいい方法です。

○店が気をつけるべきこと

カード払いの人が20％いる場合、たとえば売上１０００円に対して、２００円分はカード払いになり、２００円×５％の10円が手数料になります。お店側はこの分の費用の増加を見込んでおかなければなりません。

つまり、

売上の１％は手数料がかかるということ！

これを頭に入れて価格を決めることが一番大切なことだと思います。

ゆうこりんのお店もカード利用率は15％～18％ですね。

「焼肉小倉優子」の売上がたとえば1店につき１０００万円だとしたら、カード売上は１０００万円×18％＝１８０万円。これに対して手数料５％がかかるので1店舗につき手数料は月額１８０万円×５％＝9万円。お店は現在16店舗ありますから、合計（月額）９万円×16店舗＝１４４万円分（！）の手数料がかかっていることになるわけです。

この費用をしっかりと考慮して、メニューの価格設定をすることが重要です。

第5章

なぜ居酒屋は
ランチをやるのか？

ランチ営業から会計を見る

五十嵐先生。今日のお昼は、おいしいイタリアンを食べてきました。サラダとパスタにコーヒーがついていてボリュームもたっぷりで大満足でした。今度一緒に行きましょうね。

ところで「焼肉小倉優子」はランチをやっていないから、「焼肉ランチ」をやってもいいかな、と思いました。ランチをやれば、また新しいお客さんが来てくれるし、喜んでもらえそうな気がするんですけど、ランチ営業って難しいんですか？

◎売上の基本は単価×数量

オフィス街でランチを食べようとすると、どこもいっぱいですね。ランチはどのお店も本当にはやっています。

それでは、**ランチは儲かっているのでしょうか？**

これまで見てきたポイントを考えてみると、その答えは見えてきます。

飲食店に限らず、どんな業種にも共通して言えることですが、売上というのは**単価×数量**で決まるんですね。

業種によって「単価＝時間給」、「数量＝時間」となったり、単価と数量の概念はさまざまですが、売上の基本は「単価×数量」です。だから、単価を上げるか数量を増やすことによって売上は増えるんです。たとえば飲食店の売上は、

客単価×客数

客単価とは、1人当たりの売上高のことです。
この式をもう少し変えると、

客単価×席数×客席回転率

となります。これに営業日数を掛けると月の売上高がわかります。
この回転率というのは実は会計の世界では非常に重要な考え方なんです。

- **資本回転率（資本÷売上高）**
- **売上債権回転率（売上債権÷売上高）**
- **棚卸資産回転率（棚卸資産÷売上高）**

などなど、回転率とつく会計用語はたくさんあります。

回転率というのは、会社の効率性分析の指標で、一期間にどれだけ会社の資産が利用されたかを示す比率です。

資産がより多く利用されていればそれだけ効率的な利用がされているということを示します。

◎客席回転率

客席回転率というのは、1つの席にどれだけお客さんが来るかというものです。1つの座席という資産がどれだけ効率的に利用されたかを示します。

1日あたり1つの席に1人のお客さんが来れば、客席回転率は1となります。2人ならば回転率は2に、2席に1人しか来なければ回転率は0・5となります。

たとえば、牛丼屋や立ち食いソバ屋は、回転率がすごく高いですね。反対にフランス料理店などは基本的に1日に1テーブルに1組のお客さんしか来ないですし、座席がすべて埋まるということはないですから、客席回転率は1を下回ります。

ゆうこりんのお店の客席回転率は、確か1・5回転でしたね。

◎ランチは儲からない？

ではランチについて考えてみましょう。

客単価はディナーと比べると明らかに安いですね。

普通のランチだと５００円〜１０００円程度ですから、客単価はどうしても安くなってしまいます。

それでは、**回転率**はどうでしょうか？

１人当たりの滞在時間は短いですから、回転率は一見よさそうですが、ランチの営業時間は非常に短いので、回転率はそれほど高くはなりません。

原価率はどうでしょうか？

ランチは原価率が高いという話もありますが、基本的にランチの原価率は夜とはそれほど変わらず30％前後です。あえて言うならば、原価率が低いドリンクがない分、夜よりも多少高めでしょうか。

客単価や回転率、それに原価率を考えると、**あまり儲からない**感じがしますね。

それでは、なぜ居酒屋はランチをするのでしょうか？

売上高人件費比率がランチの命！

人件費について考えてみましょうか。

ランチは客単価が低いということは……。そうなんです。人件費の負担が大きくなる可能性があるのです。

これまで原価率という概念を見てきました。これは、売上高に対する原価の比率でした。同じように売上高人件費比率というものがあります。これは、売上高に対する人件費の比率で、会社の分析をする上で非常に大切な比率です。飲食店では売上高人件費比率は**30％程度が目安**です。それでは、ランチで人件費比率30％を維持できるか？　というとこれがなかなか難しい。

みなさんがランチを食べに行っているお店を思い浮かべてみてください。小さめのお店のほうがわかりやすいと思います。

たとえば、客席数が20席くらいの小さなお店を想像してみてください。20席の小さなお店でも、調理する人が1人と接客をするスタッフが1人は必要です。そうすると最低2人は必要になります。

20席のお店でランチの単価が800円、客席回転率が1・5回転だとすると、売上は800円×20席×1・5回転=24000円となります。人件費率が30%だと、人件費の目安は、24000円×30%=7200円となります。

営業時間は2時間程度でしょうが、ランチ営業をするためには、仕込みが必要です。また、開店準備も必要ですし、後片付けも必要です。仮に2人が4時間ずつ働くと8時間ですから人件費を7200円にするためには2人の時給は7200円÷8時間=900円となってしまいます。アルバイトとはいえ雇うにはぎりぎりの金額ですね。

それでは、ランチ営業を決断する理由はどこにあるのでしょうか?

答えは売上高人件費比率を一定の割合に抑えつつ、「売上高を増やす」か「人件費を抑える」ことで利益を出せるというところにありそうです。

しかし、営業に最低限必要な人件費は決まっていますから、人件費を抑えるには限

原価率と人件費比率

売上高	1,000
売上原価	300
売上総利益	700
人件費	300
地代家賃	100
諸経費	100
営業利益	200

経営にとって原価率・人件費比率はどちらも大事

界がありそうです。そこでいかに売上高を増やすかが決断のカギになりそうです。ポイントは、客席回転率をどれだけ上げられるか？　ということになるでしょう。

客席回転率を上げるには？

ランチを食べる店の基準はどこにあるでしょうか？　もちろん、味や値段もありますが、ランチということに限定すると、**スピード**という要素が大きいですね。そのお店に行くと、あまり並ばずに食べられる、あるいは、並んでいても回転が早くてすぐに入れるお店は、ランチを安心して食べに行けます。

ランチを食べに行ったら何人か並んでいたから他の店に行ったという経験は多いですよね。だから、いかに手際よくお客さんにランチを食べてもらえるかということが、最大のポイントになります。

また、ランチの回転率が上がらない理由の1つに、どうしても昼休みの時間帯にお客さんが集中してしまうということがあります。

11時から14時まで営業したとしても、集中するのは12時過ぎ～13時前までになってしまいますよね。

これを回避する手段として、12時前や13時過ぎに来てくれるお客さんにサービスをする店もありますね。これは、お客さんが12時前や13時過ぎを選んで来てくれれば、客席回転率が劇的に上がるからです。

だから、ランチを成功させる秘訣は「いかにピーク時以外の時間にお客さんに来てもらうか」なんです。また、ランチのコアタイム以外に行けばサービスがあるというのは、お客さんにとっても歓迎されるサービスですね。

居酒屋はこれに成功して利益が見込めるとランチ営業をするのです。

ランチは在庫を活用できる

お店で売る商品、あるいは工場でものを作るための材料、飲食店の食材などのことを会計用語で**棚卸資産**と言います。

一般的な用語では、在庫と呼んだりしますね。

「在庫一掃セール」なんていうチラシもよく見ますよね。

実は在庫は持たない！　というのも商売の鉄則なんです。

- **在庫は汚れる・壊れる・腐るといったリスクがある**
- **売れなければ資金繰りが苦しくなる**
- **保管するための倉庫料や保険料などがかかる**

このような理由から、在庫は悪だと言われています。

われわれ会計士が仕事をするときも、在庫についてはとても注意します。仕入れてから長い間売れていない在庫を**滞留在庫**と言うのですが、滞留在庫があると会社に大きな損失が発生する可能性があるからなんです。

飲食店も同じです。

食品には生ものも多いですから、仕入れた材料を廃棄しなければならないことも生じます。廃棄するということはお店にとって損失ですね。

飲食店では、このような廃棄の損失を減らすためにさまざまな工夫をしています。

廃棄の損失を減らすということはどういうことか？　と言うと、原価率を低くするということですね。

わかりますか？

原価率が30％だとすると、１０００円売り上げるためには仕入れに３００円が必要です。ところが**ロスがあるっていうことは、３００円をかけて仕入れても１０００円売れないということ**ですよね。たとえば３００円分仕入れても５００円しか売れず残った食材を廃棄しなければならなくなったら、原価率は何％になりますか？
原価は３００円で売上は５００円だから、原価率は３００円÷５００円＝60％になってしまいます。

これでは商売になりませんね。

だから、いかにロスを減らすかということが大切なのです。そこで、食材の有効利用をするために、ランチでうまく夜の食材を活かしているという理由もあるのです。

ランチは広告宣伝？

またランチ営業のメリットには、お店の宣伝効果というものもありますね。

お店の近くで働いている人や近くに住んでいる人に、お昼を食べに来てもらうことによって、お店を知ってもらい、夜もお店に足を運んでもらうことができるかもしれません。

ランチを食べに行くと、その店の味がわかります。ランチを食べた店がおいしいと、今度は夜行ってみようと思いますね。ランチの時間に夜のメニューが置いてあったり、日本酒や焼酎の宣伝がしてあるお店もありますね。

お客さんを一度お店に呼ぶためには、ものすごい**広告宣伝費**がかかりますよね。

広告宣伝費も売上高に対して**2%〜3%**くらいが上限でしょうから、いかに安くお客さんを呼ぶかというのもポイントになります。

チラシを作って配布したり、立派なホームページを作ったり。そういうことを考えると、ランチならば近くの人が足を運んでくれるので、それを広告宣伝に使うというのは、安い経費で広告宣伝をする1つの方法ですね。

◎損益計算書はどうやって読むか

これまでずっと損益計算書を見てきましたが、損益計算書を見るためのポイントは2つです。

1つは、**「それぞれの金額がどのようなものかを理解すること」**、そして、**「その金額がいくらかを理解すること」**です。

つまり「売上総利益というのは粗利のこと、つまりこの企業の粗利はいくらかということを読むこと」かつ、「売上高に対する比率を見ること」です。

- **売上高に対して原価率や粗利率はどのくらいか？**
- **売上高に対する人件費や広告宣伝費はどのくらいか？**

こういった比率を理解することによって、損益計算書を見る目が養われることになります。

比率については、業界の平均値や同業他社の事例と比較してみると、より一層深く理解することができます。

会社の儲けがいくらなのか？　というのは、会社を理解する上での最大のポイントなので、**損益計算書をどれだけ理解しているかというのはとっても大切**なんですよね。

たとえば広告宣伝費は、金額が多いか少ないかではなくて、その費用をかけることによって売上が増えたかどうかが最大のポイントです。だから、売上高に対する比率を見ることが非常に重要になるわけです。

金額＆比率が大切！

①まずは
金額を見て

売上高	1,000
売上原価	300
売上総利益	700
人件費	300
地代家賃	100
広告宣伝費	20
諸経費	80
営業利益	200
営業外収益	10
営業外費用	120
経常利益	90

②次に
比率を見る

なるほどねぇ

損益計算書をとことん理解しよう

◎「焼肉小倉優子」でランチをやるべきか？

ゆうこりんの質問は、なかなか難しい問題ですね。ランチをやることで売上高は増えますし、店の知名度もさらにあがります。

ですが、お昼焼肉を食べてしまうことで、本当は来てほしい夜のお客さんが昼に来てしまうということもあります。

お昼に焼肉を食べてしまったら、夜は絶対に焼肉は食べてもらえないですね。そうすると、ランチをやることによって、お店の売上が減ってしまう恐れもあります。

また、ランチをやるとお店の管理が大変です。夜の営業だけでも労力がかかるのに、昼も営業するとなると倍近い労力がかかります。

ゆうこりんが、今後も**多店舗展開**を目指していくなら、ランチを行って1店舗の売上をわずかでも上げることに努力するよりも、これまでどおり夜の営業だけでいくべきですね。

第6章

焼肉屋は食べ放題なのになぜ儲かるのか

食べ放題は
なぜ潰れない？

五十嵐先生。優子、昨日お友達とケーキバイキングに
行ってきました。
そのお店、なんと１５００円で食べ放題なんです♡
普段はあんまり食べられないんですけど、優子、甘いも
のが大好きだから、昨日はとっても満足でした。
ところでそのときお友達から「『焼肉小倉優子』も食べ
放題なのになんでやっていけるの？」って聞かれたんだ
けど、理由を上手に説明できませんでした。
この理由、どうやったら上手に説明できるのかなあ？

○バイキングの謎

私も若いころはよく食べ放題に行きました。**焼肉、しゃぶしゃぶ、寿司、ケーキ、中華料理、ホテルのビュッフェなどなど……。**食べ放題ってやっぱり楽しいんですよね。

私はあまり量を食べられるほうではないので、量を食べて元を取ったという感じはしないのですが、いろいろなものを少しずつ食べられるというのが、私にとって食べ放題の最大の魅力です。自分でこれだけの種類のものを食べるのに、いくらかかるんだろう？　ということを考えると十分元を取れた気がします。

出張でホテルの朝食がビュッフェスタイルのときも、最近行った自然食のランチ食べ放題でも、できるだけ多くの種類のものを食べようとチャレンジします。

一つひとつは本当に少しずつになってしまいますが、多くの種類のものを食べられると満足なんです。

さて、これだけ食べ放題が流行っていて、「**タベホ**」なんていう言葉もあるくらいなので、このシステムはお店側にもメリットがあるわけです。

私みたいなお客さんばかりだったら、量もそんなに食べないし、食べ放題でも十分成り立つと思うのですが、たくさん食べる人は食べますよね。

それでもお店が食べ放題ができるのはなぜなのでしょうか？　謎ですね。

◎「たくさん食べると元が取れる」というしくみ

飲食店の原価率は30％くらいという話をしましたが、食べ放題にするとやはり原価率は高くなります。一般的に食べ放題は原価率が40％～50％くらいになります。それでも食べ放題のお店が繁盛する理由は、**利益を生み出す構造が変化する**からです。

お客さんは食べ放題で、たくさん食べると元が取れますよね。この「たくさん食べると」というところが実はポイントです。

お店は食べ放題の値段設定をするときに、「たくさん食べると」元が取れる値段に設定をします。みなさんも食べ放題に行くと、元を取るためにたくさん食べますよね。

値段設定が、「たくさん食べると」元が取れるところにあるということは、どういうことかというと、**食べ放題は通常のメニューと比較して、客単価が高くなる**ということです。

ゆうこりんが行ったケーキバイキングにしても、バイキングじゃないメニュー、たとえばケーキセットが750円だとすると、バイキングは1500円の設定だから倍の単価になっていますね。

お客さんは、ケーキセットが750円でケーキ1つが400円だとすると、**「あと2つ（合計3つ）ケーキを食べれば元が取れる！」**と考えて頑張って3つ食べるわけです。

そうなんです！

普段は1つしか食べないケーキを3つ食べてしまうんです。その結果、客単価が高くなるというわけです。

焼肉も同じ。

食べ放題だと一生懸命食べますよね。一生懸命食べた結果、元が取れたという価格設定にすればいいのです。

客単価が高いということは、売上の額が増えますからその分１人当たりの粗利益額も増えます。だから、原価率が高くて粗利率は低くなっても、１人当たりの粗利益額は確保できるんです。

１人当たりの滞在時間の違いはあると思いますが、１人当たりの粗利益額が確保できれば、食べ放題でも店は十分元が取れますね。

次の図を見てもらうとわかるようにケーキセットは原価率を30％だとすると原価は２２５円、粗利益は５２５円となります。

これに対してケーキバイキングは原価率が50％でも粗利益額は７５０円になりますし、ケーキセットと同じ粗利益５２５円を確保することを考えても、原価率は65％までＯＫ（65％に至るまで食べまくってもらっても大丈夫）ということになります。

このように**バイキングは粗利益率ではなく粗利益額で勝負している**ケースがあるの

ケーキセットとバイキングの粗利益

原価率30%

ケーキセット　750円

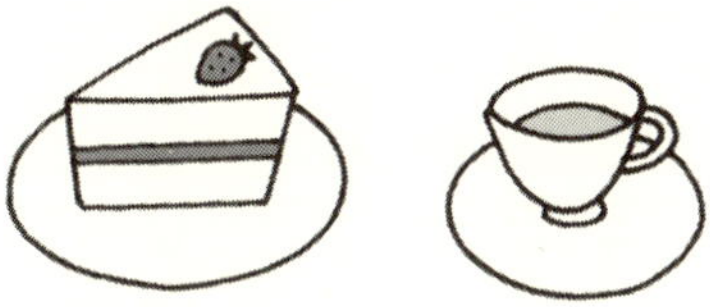

売上	750円
原価	225円
粗利益	525円

ケーキバイキング　1,500円

原価率50%

［ケース1］

売上	1,500円
原価	750円
粗利益	750円

原価率65%

［ケース2］

売上	1,500円
原価	975円
粗利益	525円

です。

バイキングにすると損益計算書が変わる!?

原価率が高くなるのにバイキングが成り立つ理由は、他にもあります。それは**人件費が安くなる**ということです。

テーブルサービス形式のお店とバイキング形式のお店を比較すると、明らかにバイキング形式のほうが、人が少なくて済むことがわかると思います。

バイキング形式の場合、オーダーを取る必要もなくまたテーブルまで料理を運ぶ必要がないですから、働く人は少なくて済みます。また、調理スタッフもオーダーを受けてから作るのではなくあらかじめ自分たちのペースで調理をすることができますから、調理スタッフも少なくて済むケースがあります。

第3章で見た損益計算書を思い出してもらうと、飲食店の損益計算書は売上高1000円で原価率が30%の場合、利益は90円でした。

2つのケースを比べてみよう

通常の飲食店のケース	
売上高	1,000
売上原価	300
売上総利益	700
人件費	300
地代家賃	100
諸経費	100
営業利益	200
営業外収益	10
営業外費用	120
経常利益	90

→ 利益は同じ ←

食べ放題のケース	
売上高	1,000
売上原価	↗ 400
売上総利益	600
人件費	↘ 200
地代家賃	100
諸経費	100
営業利益	200
営業外収益	10
営業外費用	120
経常利益	90

利益が同じなら食べ放題でもやっていける！

これが食べ放題になるとどうなるかというと、原価率が40％になりますから、粗利益（売上総利益）は６００円に減ってしまいますが、人件費が２／３程度になることから通常の飲食店と同じだけの利益を稼ぐことができます。

このように損益計算書は、ただいくら稼いだかを示すのではなく、どのようなしくみでいくら稼いだかがわかるようになっています。

飲食店でも、**「粗利で稼ぐ」**のか**「人件費やその他の経費を抑えて稼ぐ」**のかによって、お店の考え方は異なってきます。

おいしい料理をできるだけ安く提供しようとすると、人件費や経費を抑えなければならなくなりますし、反対に、充実したサービスを提供したり内装に趣向を凝らしていい雰囲気を出そうとすると、人件費や設備費がかかってしまうため、原価率を抑えて粗利益を確保することが大切になってきます。

このように同じ利益を生み出すためにもいろいろな手法が考えられます。だから、**やり方によってはバイキングでも利益が出る**んですね。

◎食べ放題にもセットメニュー

ただ焼肉屋で食べ放題をやろうとすると、バイキング形式はなかなか難しいですね。バイキング形式だとどうしてもお肉の新鮮さが気になってしまいます。冷蔵ケースを使ってやっているところもあるみたいですが、設備費がかかってしまいます。席で注文する食べ放題のお店にすると（「焼肉小倉優子」もこのスタイルですね）、食べ放題にしても人件費がかかってしまいます。

そこでおいしいお肉を安くたくさん食べてもらうというコンセプトにして、食べ放題に第3章で解説したセットメニューの概念を持ち込むというのがいいわけです。ゆうこりんのお店では、食べ放題のお客様には必ずはじめに、焼肉を食べに来たお客さんなら誰でも注文しそうな、

タン塩・カルビ・ロース！

などのセット（上焼肉盛合せ）を出していますね。

これならあらかじめセットを用意することができますし、一度に大皿でお肉を提供できるので、人の手を省くことができます。

ゆうこりんのお店ではこの一皿が、**驚くくらいの量**になっていて面白いですね。これはお客様の楽しみにもなっていていいのではないでしょうか？

お客さんにしてみても、はじめから食べることがわかっているものが、注文しなくてもすぐに出てくるのですから、うれしいはずです。

食べ放題って時間も気になるので、オーダーしてから出てくるまでに時間がかかっては、いらいらしてしまいます。これはそうしたお客様へのサービスにもなっていることでしょう。

こうやってお互いのメリットを追求していくと、より安い価格でお客さんに喜んでもらうことができる。だから「焼肉小倉優子」では食べ放題というスタイルを取り入れられるのです。

はじめのセットで元が取れるようにする

お客さんにとって食べ放題の最大の関心事は、**元が取れたかどうか**でしたよね。

お客さんは元が取れれば安心してくれます。

だから、はじめのセットだけで元が取れてしまったらうれしいですし安心して食べられますね。そのため、ゆうこりんのお店では、**はじめのセットだけで食べ放題の元が取れてしまう値段設定**になっています。

そうすると、ほとんどのお客様が食べ放題に満足してくれて、お店にとってもお客さんにとってもいいことだらけですね。

食べ放題の最初の一皿の分量をちょうど満腹になるくらいにして、かつそこで元が取れる値段に設定するというのは、とても賢いやり方です。そうすると、食べ放題なのにお肉の提供は一度でよくなり人件費も削られます。

この食べ放題メニューがあれば、ほとんどのお客様が食べ放題を選択することになりますね。

何といってもお得感でいっぱいですから！

最初のセットに原価率の低いお肉もバランスよく含めることで、原価率の高いカルビばかり注文されることもなくなって、よりしっかりと粗利益を確保することが可能になります。

セットメニューのトリックまで使えてしまうというわけですね。

はじめのセットで元が取れる！

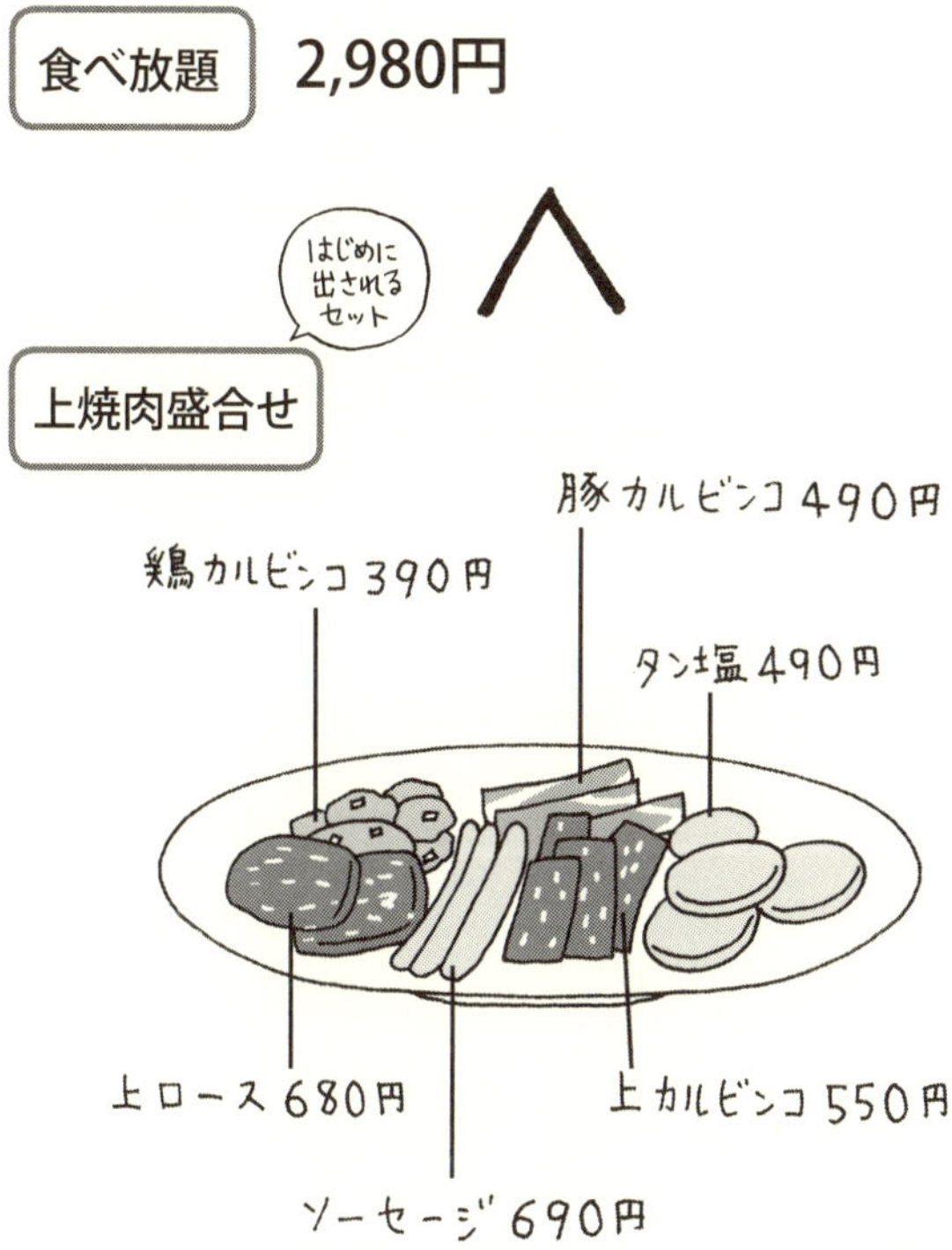

食べ放題でも、店もお客様もWIN-WIN！

第7章

飲み放題ができるわけ

飲み放題が儲かるワケ

ゆうこりん。今回は私からの質問です。

先ほどは「食べ放題」についてレクチャーしました。

そこで今度は「焼肉小倉優子」でも行っている「飲み放題」のしくみについて考えてみたいと思います。

なぜ飲み放題でもお店はやっていけるのか。これを説明できますか？

「焼肉小倉優子」では「なぜ」飲み放題をはじめたのでしょうか。

なぜ、飲み放題が好まれるのか？

食べ放題がお客様に喜ばれるのは、「たくさん食べられるから」「いろいろな種類のものを食べられるから」ということでした。

それでは飲み放題が好まれるのも同じ理由、つまり「たくさん飲めるから」「いろいろな種類のものを飲めるから」ということかというと、**必ずしもそれだけではないんです。**

飲み放題というと、「宴会」がイメージされますね。

宴会には**幹事**がいます。

幹事さんは、予算を決めて宴会をしますから、**予算オーバーすると困ります。**

そうなんです。

飲んだ量によって会計が変わってしまうと困るから、幹事さんは飲み放題にしたくなるんです。

こうしたニーズに応えるためにも、お店側は飲み放題を行うことを考えないといけないですね。

◎飲み放題はなぜ儲かるのか？

食べ放題を行う店が潰れないのは、

- 原価率は上がるが人件費が安くなる
- 客単価が上がる

などの理由がありました。それでは、飲み放題はどうでしょうか？

食べ放題と同じようにたくさん飲む人が増えれば原価率が上がりそうですね。

飲み放題でもやっていける理由の1つは、食べ放題と同じで飲み放題にしても、そこまでの量は飲めないということです。よほどがんばって飲まないと何杯も飲むこと

はできないですね。でも、本当の理由は別にあります。実は、

飲み放題にもセットメニューのトリックが使われている！

のです。飲み放題のメニューはほぼ必ずと言っていいほど、食事のコースとセットになっています。この「コースとセット」というのがポイントなんです。

なぜ飲み放題はコースとセットなのか

居酒屋さんのメニューとして、３５００円のコース（８品）＋飲み放題１５００円といったものをよく見かけます。総支払額は５０００円ですので、予算が１人５０００円と決められていたとしても、これなら幹事さんは安心です。

それではお店はどうやって儲けているのでしょうか。

ビールを１杯４００円とすると、お客さんは４杯飲めば元がとれる。ということは、お店は４杯飲まれてしまうと、飲み放題にした結果損をすることになるのですが、お

店はこの分を「料理をコースにしてもらうことによるメリットで」穴埋めします。

コース料理には次のような利点があります。

- **同じものを同時に大量に調理できる（人件費削減）**
- **事前に予約があれば、準備をすることができる（人件費削減）**
- **あらかじめ料理が決まっているので材料のロスがない（原価率低減）**
- **原価率の安いもので構成することができる（粗利率アップ）**

これまでに説明してきた内容が、コース料理にはいろいろと入ってきます。粗利率がアップして人件費も削減されるのですから、単品でのオーダーと比較して、コース料理はお店にとって都合がいいことが多いのです。

また、時間制の飲み放題とコース料理をセットにすることで、客席回転率を上げることもできますね。

だから、飲み放題はコース料理とセットなのです。

コース料理＋飲み放題

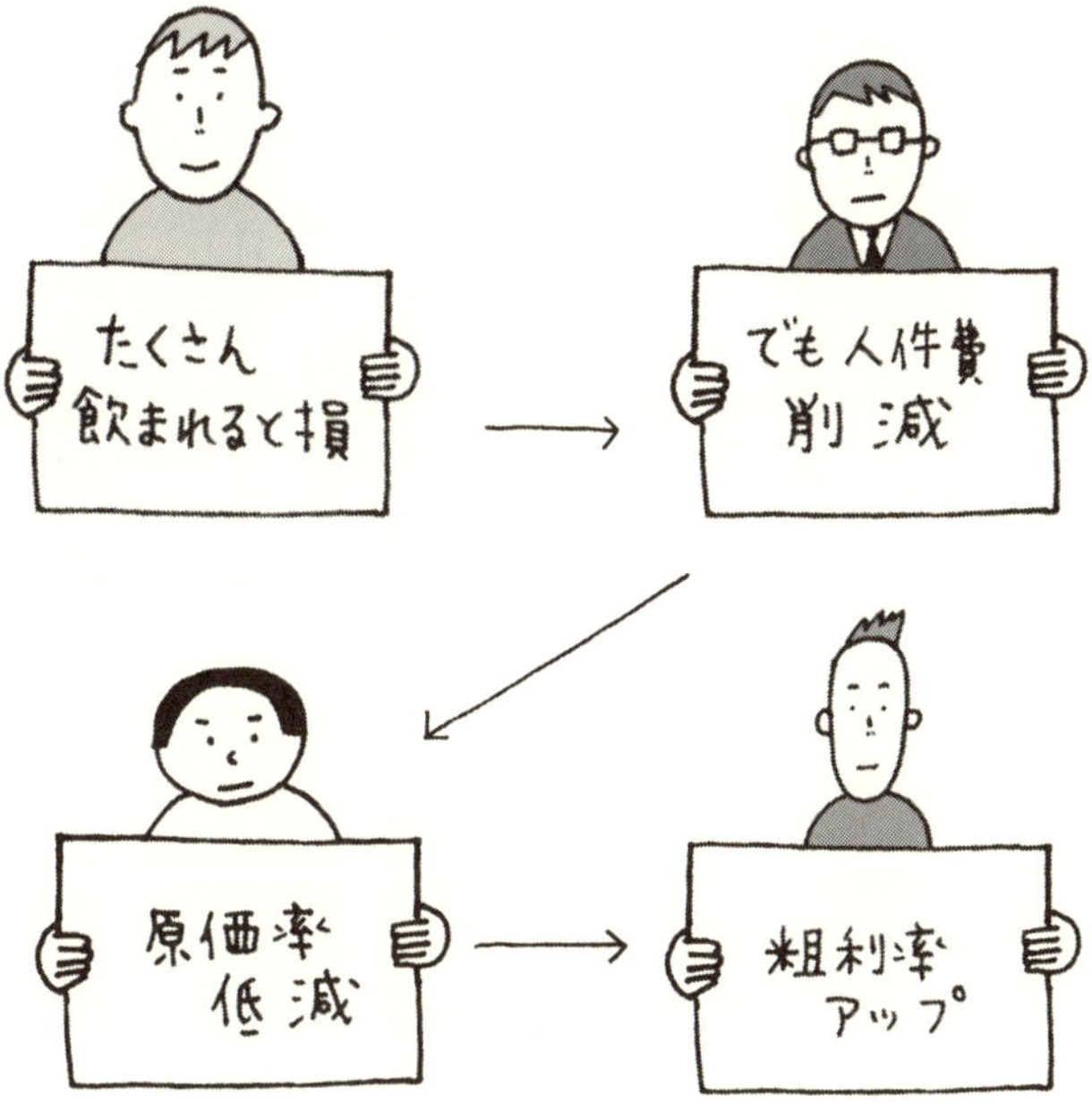
たくさん
飲まれると損
でも人件費
削減
原価率
低減
粗利率
アップ

利点が
いっぱい！

これなら、飲み放題をはじめても大丈夫

ドリンクは原価率が低い

実は**飲み放題が儲かるもう1つの理由**は、ドリンクの原価率の低さにあります。一番高いビールで30％前後、ソフトドリンクは10％未満です。

ウーロン茶を考えてみてください。ペットボトルでみなさんが買ったとしたら、グラス1杯いくらになりますか？　20円くらいですよね？　それを店は300円とか400円で提供しています。ビールは自分で買ってもそれなりの金額がしますが、ソフトドリンクの原価率はいかに低いかがわかると思います。

損益計算書から考えてみる

これまでさまざまなケースの損益計算書を見てきました。

それでは飲み放題を行った場合の損益計算書はどのようになるでしょうか？

飲み放題をするかしないか。これはこれまでも検討してきたように**お店の利益が確**

保できると判断することができるかどうかで、意思決定をすべきですね。

いままでも一つひとつの事例から、利益が出るかどうかを判断してきました。

つまり経営は、メリットデメリットを考えるだけではだめなんです。

頭の中でいいか悪いかを考えるだけではだめで、事例を研究したり、数字に落とし込んだりしなければいけません。**「数値化」**することによって、お店の意思決定をしていくということ。思いつきで経営するんじゃなくて、数値化が大切なのです。

◎比較が大切！

一般的に経営分析の方法としては、「効率性」「収益性」「安全性」「成長性」「安定性」といった視点で分析をすると言われています。

経営分析のテキストにもきっとそれぞれの比率の求め方や意味が書いてあります。確かにそれぞれ重要な分析なのですが、大切なのは比率を出した後、その数値や比率を**「比較すること」**なんです。

我々が会計に関する仕事をするに当たって、非常に大切にしているのは「比較」な

んです。もう少し具体的に言うと、

●前期比較（前年度と比較する）
●前月比較（前月と比較する）
●予算比較（自ら立てた予算と比較する）
●同業他社比較（同業他社の数値と比較する）
●業界平均値比較（業界の平均値と比較する）

その他にも、「店舗比較」「事業部比較」「製品別比較」などなど、挙げはじめたらきりがありません。

◎ 会計は「比較」が大事

［経営分析］
効率性
収益性
安全性
成長性
安定性
こっちが大事！
［比較分析］
前期比較
前月比較
予算比較
同業他社比較
業界平均値比較

◎比較をするためには？

もちろん、経営分析が意味がないと言っているのではありません。1つの指標をとってもあまり意味がないということです。

実はこれまで見てきた粗利率というのは収益性の指標の1つです。

「うちのお店の粗利率は70%です！」と言っても、それがいいのか悪いのかがわからないと意味がないのです。

比較をするためには、必ず比較対象が必要なんですね。だから、その比較対象をどこに求めるかというのがとても大切になります。

粗利率70%というのは1つの分析結果の値なのですが、それ単独では意味をなしません。その先に比較をするから意味が出てくるのです。

だから、比較というのはとても大切なのです。

◎ 分析＆比較をしよう！

もし粗利率が70%だったら……

比較方法	比較数値	比較結果
前期比較	前期粗利率 68%	２%改善　↑
前月比較	前月粗利率 72%	２%悪化　↓
予算比較	予算粗利率 70%	予算どおり　→
同業他社比較	同業他社粗利率 65%	５%良い　↑
業界平均値比較	飲食業界平均値 65%	優良　↑

⇩

この比較結果を分析して経営に活かそう

◎比較結果から原因を追究する

前月と比較して粗利率が2％悪化したということがわかっても、それだけでは意味がありません。次に悪化した理由を考えなければなりません。

粗利率が変動する要素はいくつもあります。

- 粗利率の低いメニューの注文が多かった
- 粗利率の高いドリンクがあまり売れなかった
- 食材の廃棄が多かった……etc

この原因までたどりついて、はじめて分析数値が生きてくるのです。

会計士が決算書を見るときには、

前期比較↓変動の有無の確認↓その原因分析

という分析を必ず行います。

また、さまざまな分析数値を計算しますが、分析結果も必ず過去3～5年分を比較して、大きな変動や異常がある場合にはその原因を分析します。

このような分析を**「期間比較」**と言います。

ある期間と別の期間とを比較するからです。

この「期間比較」に対して他の会社と比較をすることを**「他社比較」**と言います。

大企業の数字はインターネットを使えばすぐに決算数値がわかることから比較が簡単です。しかし、中小企業の数字を見るのはなかなか難しいことです。そこで中小企業の場合は中小企業庁の経営指標などを使って、業界平均と数値を比較するというのもおすすめです。

最近、国際会計基準が話題になっていて、会計基準を世界的に統一しようとしているのも、この**「他社比較」**を国際的に行えるようにするためです。

○飲み放題はやるべきか

さて、比較の話をずっとしてきました。

では**「なぜゆうこりんのお店が飲み放題をはじめたか」**ですが、これはメリットデメリットを考えた上で、結果どのような数値となってあらわれたかを考えてみれば見えてきます。

飲み放題にはメリットとデメリットがありましたが、「焼肉小倉優子」にはコースメニューがないので、コースメニューとのセットによるメリットの恩恵は受けられません。

でも飲み放題の料金をうまく設定し、人件費節約の方法を考えれば飲み放題にしない場合とほとんど変わらない利益になるのではないでしょうか？（ゆうこりんのお店の飲み物の器はハンパなく大きいですよね（笑）。これも人件費節約の方法の１つです）。

損益計算書を作ってみると、第３章で見た飲食店の損益計算書の基本パターンと同じ利益になると思います（原価は上がるものの人件費が下がり利益は同じとなる）。

利益が同じであれば「飲み放題はお客さんが喜ぶのでやろう」ということでこのシステムが取り入れられたというわけです。


もし、ゆうこりんがもっとお客様にサービスをしようとするなら、ゆうこりんが大好きな子どもにもお店に来て焼肉を楽しんでもらうために、**「子どものドリンクを安く設定」**してあげるというのはどうでしょうか？

うちにも小さな子どもがいるのですが、子どももフリードリンクにすると割高になってしまったり、フリードリンクにしないと水しか飲めないようなお店もあって、結構困ってしまうんです。

小さい子どもはドリンクにお金がかからないようなしくみを作ると、家族連れに喜んでもらえそうですね。

飲み放題メニューを作るとともに、たとえば5歳未満のお子さんは、

「ドリンク飲み放題1円!」

といったサービスをしてあげるとより一層喜んでもらえるのではないでしょうか。

小さな子どもは1杯飲めば十分ですし、ソフトドリンクしか飲めませんから、原価もほとんどかかりません。

みんながハッピーなのがゆうこりんのポリシーですから、こんなサービスを展開してみるのもいいでしょう。

第8章

そば屋がビルを建てられる理由

そば屋の謎

五十嵐先生。この間道を歩いていたら、素敵なおそば屋さんを見つけました。

そのおそば屋さん、ビルの１階にあったんですけど、ビルも自分の持ち物みたいでした。

それにしてもおそば屋さんって儲かるんですね。びっくりしました。

これって一体なんでなんですか？

なぜ、そば屋は自社ビルの1階にあるのか？

ゆうこりんの質問を検証するために、街を歩くときに注意して見てみました。

そうしたらお寿司屋さん、ラーメン屋さんを自社ビルでやっているお店ってほとんどありませんでした。

今度街を歩いたらぜひ注目してみてください。

自分の家の1階でやっているお寿司屋さんはたくさんありますが、決してビルではありません。

ところが、**そば屋だけは**なぜか自社ビルの1階でやっているところがあるんです。

きっと昔は自宅の1階でそば屋をやっていて、そこがビルになったんでしょうね。

では、

なぜ、そば屋だけは自社ビルを建てられるのでしょうか？

いくら売り上げれば損をしないか

これまでは、お店の戦略によって利益がどう変わるかを見てきました。
本章では、「将来の利益」についての予測を見てみたいと思います。
大丈夫です。難しくありません。簡単な数学の問題です。

問題

粗利率が70%の焼肉店がありました。

このお店で1か月に必ずかかる経費は、次のとおり。

● 人件費　140万円

● 家賃　140万円

この店は1皿1000円の焼肉を何皿売れば、損をしないでしょうか？

（式）1皿売ったときの利益は1000円×70%＝700円

毎月かかる経費は140万円＋140万円＝280万円

280万円÷700円＝4000皿
（答え）月4000皿売れば損をしない。
（1000円×4000皿＝400万円の売上があればお店は損をしない）

わかりましたか？

この「損益がゼロとなる（採算が取れる）売上高」のことを**損益分岐点売上高**と言います。

また、「最低いくら売り上げれば損をしないか？」という分析を**損益分岐点分析**と言います。

いきなり、「損益分岐点分析」なんて言われると難しく感じますが、簡単な数学の問題だと思えば、決して難しくなかったですよね？

◎損益分岐点とは？

損益分岐点を出すためには「費用を固定費と変動費とに分解して……」と、一般的な教科書には書かれています。

固定費：売上の増減に関係なく発生する費用
変動費：売上の増減に比例して増減する費用

先の例の場合、変動費は売上原価、固定費は人件費と家賃になります。

確かにすべての費用を固定費と変動費に分解すればより正確な損益分岐点を出せるのですが、この固定費と変動費に分解するという作業が実は非常に難しい！

そこで、損益分岐点分析をするときには、簡単な分析であれば、固定費と変動費に分解するなどという難しいことはせず、たとえば先の問題で言えば「焼肉が1皿売れると粗利益が700円増える→粗利益が700円ずつ増えて固定費と同じ金額となるところが損益分岐点と考える」(**粗利益で考える**)だけでとりあえずは十分です。

損益分岐点を粗利率で考えたら？

先ほどは1皿あたりの利益がいくらか？　という視点で損益分岐点を考えました。
今度は、比率で考えてみましょう(**粗利率で考える**)。
大丈夫です！　今度も簡単な方程式の問題です。

問題
粗利率が70％のお店がありました。
このお店で1か月に必ずかかる経費は、次のとおり。
●人件費　140万円
●家賃　140万円
このお店は最低いくら売り上げれば、損をしないでしょうか？
(式)売上高をXとする。

粗利益は0・7X。
1か月に必ずかかる経費は140万円＋140万円＝280万円
したがって、0・7X－280万円＝0
X＝400万円
（答え）月400万円の売上があればお店は損をしない。

わかりましたか？　これも簡単な数学の問題ですね。方程式立てられましたか？

先の例は1皿1000円という仮定を設けましたが、ものの単価は1つではないので、実際にはこのように比率を使って計算をします。

もし費用を固定費と変動費に分ける場合も、あまり難しくは考えないで、毎月だいたい同じくらいかかる経費は「固定費」として考え、それ以外で売上の変動に比例して増減する経費は「変動費」と考えるといいですね。

損益分岐点とは？

粗利益で考えた場合

損益分岐点＝固定費÷1皿あたり粗利益×単価

（固定費÷1皿あたり粗利益＝損益分岐点の販売数量）

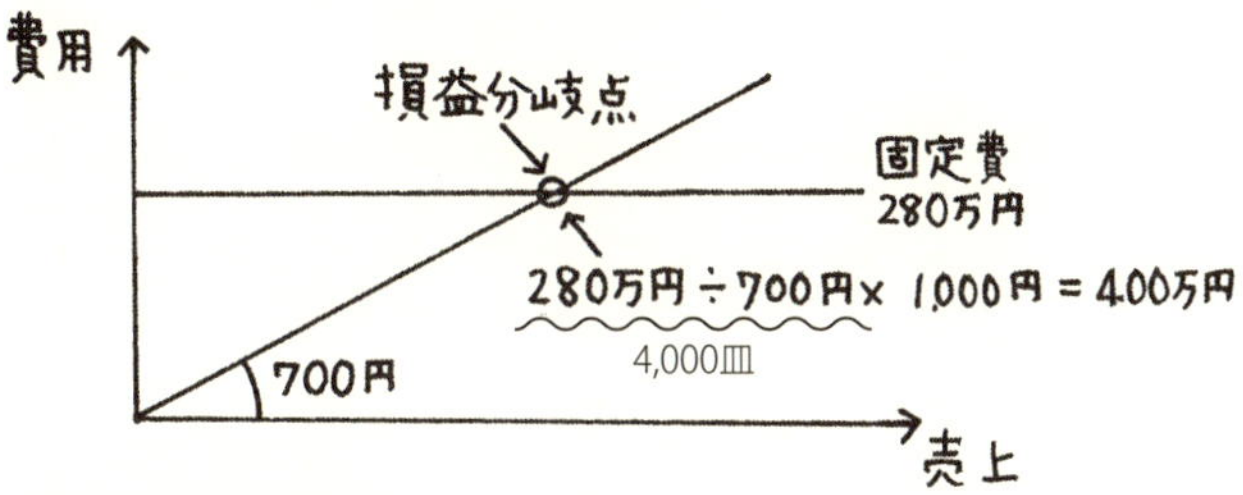

粗利率で考えた場合

損益分岐点＝固定費÷粗利益率

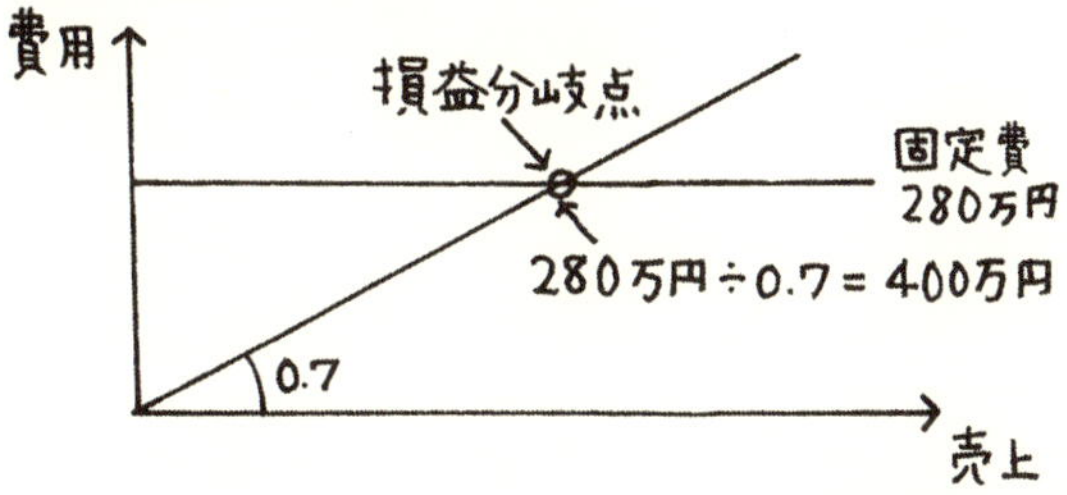

どちらでも答えは同じ!!

◎人件費を変動費として考えたら？

これまで見てきたように、そもそも損益分岐点分析は、**大まかな目安**ができればいいという程度で考えればＯＫ！　です。

なぜなら、実際には、変動費は売上原価だけではないからです。それ以外にも売上に比例して増減する費用はあります。ですから、厳密に損益分岐点分析を行おうとすると、粗利益率を使って考えることはできないのです。

では、そのような場合の損益分岐点分析はどのように行ったらいいのでしょうか？

先の例では、人件費を固定費として考えましたが、もし人件費を売上の一定比率になる（変動費）としてとらえるならば、損益分岐点分析の式は変わります。

たとえば、人件費が売上の30％になるようシフトを考えているということであれば、人件費は固定費ではなく変動費になり、先ほどの問題は次のように変わります。

問題

粗利率が70％のお店がありました。
このお店で1か月に必ずかかる経費は、次のとおり。
● 人件費　売上の30％
● 家賃　１４０万円
このお店は最低いくら売り上げれば、損をしないでしょうか？
（式）売上高をXとする。
（X－０・３X－０・３X）－１４０万円＝０
X＝３５０万円
（答え）月３５０万円の売上があればお店は損をしない。

売上高から変動費を引いたものを**限界利益**と言います。式で表すと、

売上高－変動費＝限界利益

売上高に対する変動費の比率のことを**変動費率**と言い、売上高に対する限界利益の比率を**限界利益率**と言います。

原価率や粗利益率と似ていますね。

先ほどの例の場合、粗利率が70％ということは原価率は30％です。これに加えて人件費比率が30％ですから、変動費率は30％＋30％＝60％。

変動費率が60％のとき、限界利益率は1－60％＝40％となります。

つまり、売上が1円増えると利益は0・4円増えるということです。

それでは、いくらの売上があると損をしないかというと、固定費は家賃の１４０万円ですから、１４０万円÷40％＝３５０万円という計算が成り立ちます。

このように、すべての費用を固定費と変動費に分けて、限界利益率を使って損をしない売上高を計算するというのが、**損益分岐点分析の正式な方法**です。

損益分岐点分析

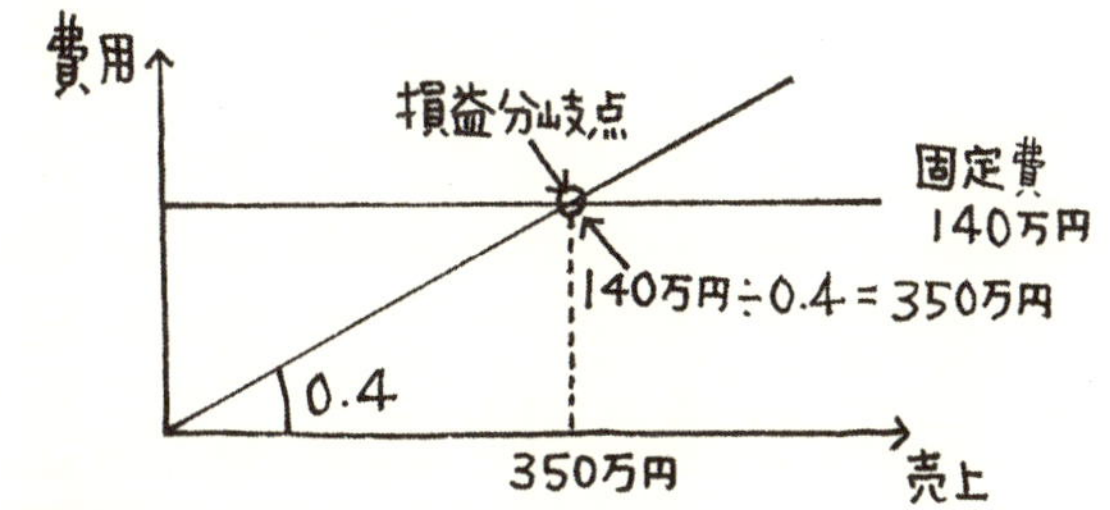

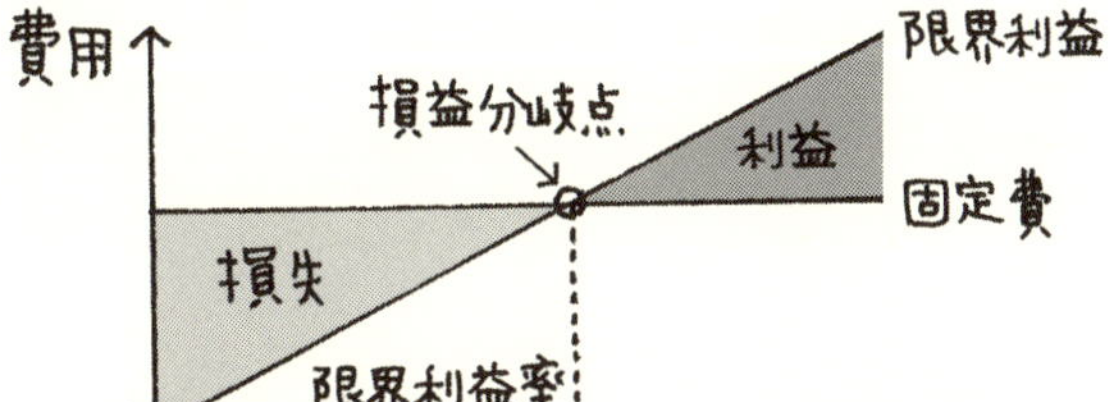

損益分岐点を超えると利益が出る

◎20万円の利益を出すための売上高は？

実際に店舗を出店する場合には、損益ゼロではなくて「利益をいくら出したいか」を考えますよね？

それでは、実際にこれを先の例で考えてみましょう。

問題

粗利率が70％（原価率30％）のお店がありました。
このお店で1か月に必ずかかる経費は次のとおり。
●人件費　売上の30％
●家賃　１４０万円
このお店は最低いくら売り上げれば、20万円の利益を出すことができるでしょうか？

（式）売上高をXとすると、

（X－0・3X－0・3X）－140万円＝20万円
X＝400万円
（答え）月400万円の売上があれば利益20万円を達成することができる。
※損益分岐点分析で計算結果をゼロとしたところを、今回は20万円にして計算すればいいだけです。

それでは、「400万円の売上が実際に可能なのか？」については、売上高の公式を思い出してみましょう。売上高は、

客単価×席数×客席回転率

でしたね。

この式に照らし合わせて、400万円の売上が実現可能であれば最低20万円の利益が稼げるという分析結果になるわけです。

原価率が低いとどうなるか？

さて、最初の問題に戻りましょうか。

「なぜそば屋は儲かるのか」？

結論から言えば、それは**「原価率が低いから」**と言えるでしょう。
これを損益分岐点を使って考えたらどうなるでしょうか？
また簡単な計算をしてみましょう。

次の図を見てください。

問題

粗利率がⒶ70%、Ⓑ80%のお店がありました。
このお店で1か月に必ずかかる経費は、次のとおり。
・人件費　140万円
・家賃　140万円
これらのお店の損益分岐点を比較しましょう。

Ⓐ 粗利率70%

売上高をXとすると、
X－0.3X－（140万円＋140万円）＝0
X＝400万円

（答え）
月400万円の売上があればお店は損をしない（損益分岐点は400万円）。

Ⓑ 粗利率80%

売上高をXとすると、
X－0.2X－（140万円＋140万円）＝0
X＝350万円

（答え）
月350万円の売上があればお店は損をしない（損益分岐点は350万円）。

粗利率が高い方が損益分岐点が低く、儲かりやすい！

粗利率が70％（原価率30％）と80％（原価率20％）のお店では、50万円も損益分岐点に差が出ることになりましたね。

原価率が低いということは、それだけ利益が出やすいということ、つまり粗利益率が高いということはそれだけ商売を楽にしてくれるということです。

そばは簡単に腐るものではないので、廃棄ロスが少なく原価率は低くなります。また、客単価もそれなりに高く設定されていますし、客席回転率も高い。だから、そば屋は儲かるのです。

逆にお寿司屋さんを考えると、生ものですから廃棄ロスが大きく、そば屋と比べると回転率も悪い。だから、なかなかビルが建たないんですね。

第9章

新規出店、どう決める？

新規出店したい！

先生。いま「焼肉小倉優子」は16店舗の出店に成功しています！

ただ優子。もっとお店を増やして、もっともっとみんなにとって身近なお店になりたい！　って思っています。

もし今後出店を続けていくなら、それをどうやって決めたらいいですか？　その方法を教えてください。

初期投資を回収せよ！

「毎年いくらの利益が必要か？」

これが経営をしていく上で、一番のポイントですね。

そして、このポイントを考える上でもっとも重要なのは、**「初期投資を回収する」**という考え方です。


たとえば、新規出店のコストが１８００万円だったとします。

この１８００万円を**初期投資**と言います。

初期投資を回収する、つまり出店にＧＯサインが出せるということは（ちょっと乱暴な言い方かもしれませんが）、「１８００万円の利益が出る」ということですね。

要するに、はじめに１８００万円を支払い、後日１８００万円儲かれば商売は最低でも、

プラスマイナスゼロ！

になる。これは第8章で一緒に考えた損益分岐点と同じような発想です。投資をしたら、まずは「損をしないためにはいくら稼げばいいのか」を考えることからはじめましょう！

◎何年で回収するかを考える【回収期間法】

「この投資は3年で回収したい！」などといった話を聞くことがありますよね？

このように「何年で回収するか」を考えるのは、単純ですが非常に重要な考え方です。

新規投資について検討することを「投資の意思決定」「投資の経済性計算」「投資の評価」などと言いますが、これらの議論のはじまりは、簡単に言うと**「何年で投資金額を回収できるかを考えよう！」**ということです。

ですから、ゆうこりんが今後の新規出店を考えるにあたっても、まずはじめに「投

投資の回収

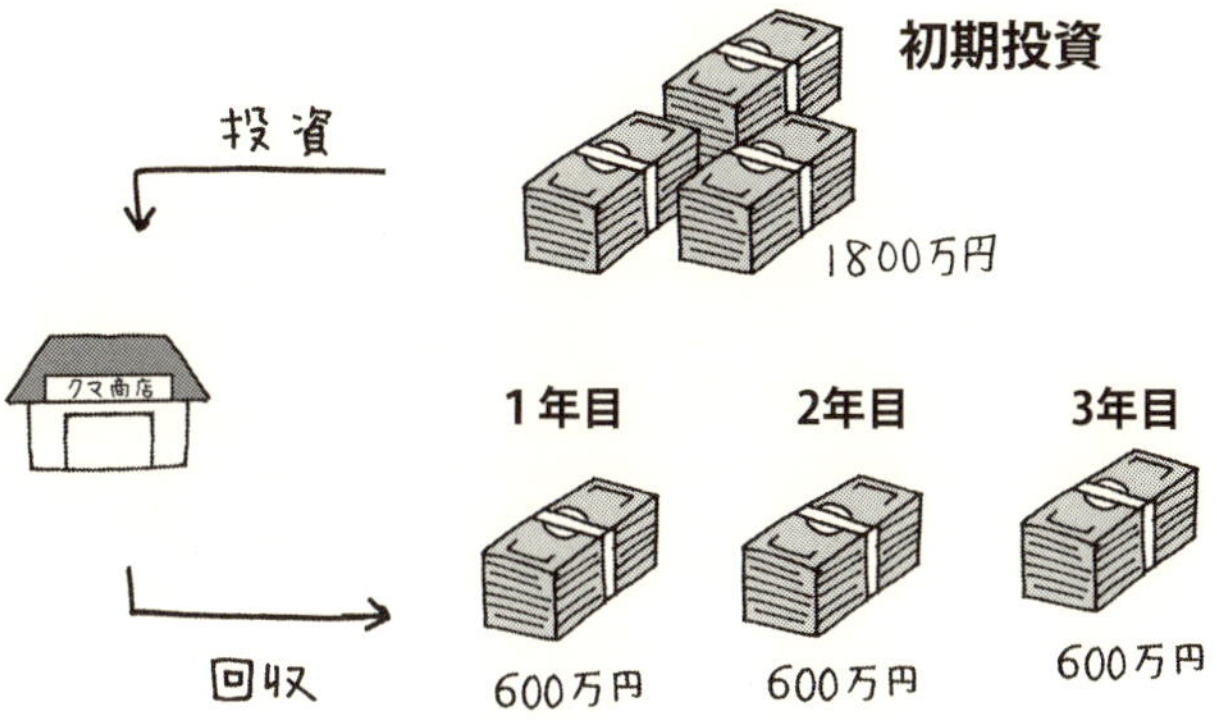

資を何年で回収するか」を考えたいと思います。

具体的に何年で回収できるといいのか？　というと、これは短ければ短いほどいいのですが、いまの世の中の流れの早さを考えると**「どんなに長くても3年」**で回収できるかどうかを検討課題にするといいでしょう。

新規出店の１８００万円を3年間で回収するということは、１年間に６００万円の利益（売上高ではなく利益ですよ！）を出すということ。１年間に６００万円の利益を出すということは1か月の利益は50万円。つまりこれが**「目標となる利益」**となり、そこからこの利益を達成するための売上高を計算します。その売上高が達成可能であれば、「条件クリア」となり、**「新規出店OK！」**という判断になるというわけです。

この「回収期間法」は計算が楽で簡単ですね。でも反面、意思決定の判断基準としては「回収終了後はどうなるんだ!?」と、少し心許ない気もします。

利益率で考えてみる［ROI法］

投資の意思決定に「利益率」を使う方法もあります。

「初期投資に対してどれだけの利益率が確保できるか」を判断基準にする方法です。

これは投資に対する利益率のため、**投資利益率**あるいは**投下資本利益率**、または**ROI**（Return On Investment）と呼ばれています。この言葉、新聞などでもよく使われていますよね。

問題

投資額が1800万円で年間720万円の利益が出ると推定される飲食店向け物

件があります。
このの案件のROIはいくつでしょうか？
（式）720万円÷1800万円＝40％
（答え）ROI40％

ちなみに、とある大手居酒屋チェーンは、ROI40％を出店の基準としています。

したがって、このチェーンがもしこの物件を見た場合は、ROI40％という条件を満たしていることになりますので「出店しよう！」と判断するというわけです。

ただしこの方法も、計算は楽で簡単ですが、後で説明する貨幣の時間価値を考慮していないという欠点があります。


ちなみに、「ROI法」は「回収期間法」と連動している考え方です。

たとえばこの問題における回収期間は、1800万円÷720万円＝2・5年。

つまりこの案件は、回収期間2・5年、ROI40％という案件だということですね。

◎割引率から考える【DCF(ディスカウント・キャッシュ・フロー)法】

ここ数年は投資の意思決定というとDCF(ディスカウント・キャッシュ・フロー)法という手法が取られています。

> **DCF法**
> **将来のキャッシュフローから現在価値を出すことで投資の意思決定をする方法**

これは株価算定や不動産鑑定などにも使われていて、一般的な投資評価の手法として市民権を得ています。

なぜ、最近は「回収期間法」や「ROI法」ではなく、「DCF法」がとられるのかというと、この方法であれば、「貨幣の時間価値や資本コストが考慮できる」というのが大きな理由です。この**「貨幣の時間価値」・「資本コスト」**はとても面白い概念なので、それぞれ説明してみましょう。

「貨幣の時間価値」っていったいどういうことでしょうか？　これは次のように説明できます。

「もしあなたが１００万円もらえるなら、今日もらうのと１年後にもらうのとどちらがいい？」

この問いに対して、ほとんどの人が、

「今日！」

と答えると思います。でも、**その理由、説明できますか？**

「1年後だともらえるかどうかわからない」という理由もあると思うので、1年後には必ずもらえるという条件をつけましょう。また、「すぐに買いたいものがある」といった感情的なものもぬきにします。

たとえばいま100万円もらうとします。これを利率が1%の定期預金にすれば1年後には101万円になりますね？

そうすると、1年後に100万円をもらうよりも儲かります。

1年後の100万円＜1年後の101万円

もうおわかりですね？　答えは、

「いまもらったほうが儲かるから！」

が正解です。

このように、お金は時間がたつことによってお金がお金を稼いでくれます。

さらに、複数年になるとこれが複利計算になります。

２年後には１０１万円×１・０１になるわけです。

このように時間がたつと同じ金額でも価値が異なってくるのです。これを**「貨幣の時間価値」**と呼びます。

「回収期間法」や「ＲＯＩ法」では、初期投資の金額と1年目から３年目までの各年度に出すべき利益が同じ価値で考えられていましたが、それでは正確な投資判断ができないですよね？

だから最近ではこの「ＤＣＦ法」による投資の意思決定が主流になっているのです。

【割引現在価値の考え方】

貨幣の時間価値を考慮するため、つまり今年の１００万円と来年の１００万円の価値を同じにするためには、それぞれの時期の金額を現在か将来かのいずれかに合わせなければなりません。いま稼ぐ１００万円と1年後に稼ぐ１００万円とでは、価値が違うからです。

数字をわかりやすくするために、利率を10％で考えると、1年後の１００万円はいまのいくらの価値になるかというと、100万円÷1・1＝90・9万円です。

このとき将来の価値に合わせる計算を**複利計算**、現在に合わせる計算を**割引計算**と言い、DCF法はその名のとおり「割引計算」を使って計算をします。

このときの利率（先の例では10％）のことを**「割引率」**と言い、将来のお金をいまの価値に割り引いた金額のことを**「割引現在価値」**と言います。

割引現在価値を使って、投資の評価をすることによって、複数年にわたる投資案件の評価をより正確にしようというのが「DCF法」による投資の意思決定です。

【割引率と資本コスト】

割引現在価値の計算は、「割引率」をどのように考えるかが重要です。これにはどんな値を使うのがいいのでしょうか？

先ほどのように、たとえば預金していたらどれだけ利息がつくか？を考えるというのも1つの考え方でしょうが、そのようには考えません。

どのように考えるのかと言うと、**貸借対照表**の右側（貸方）を使って考えます。

割引現在価値とは？

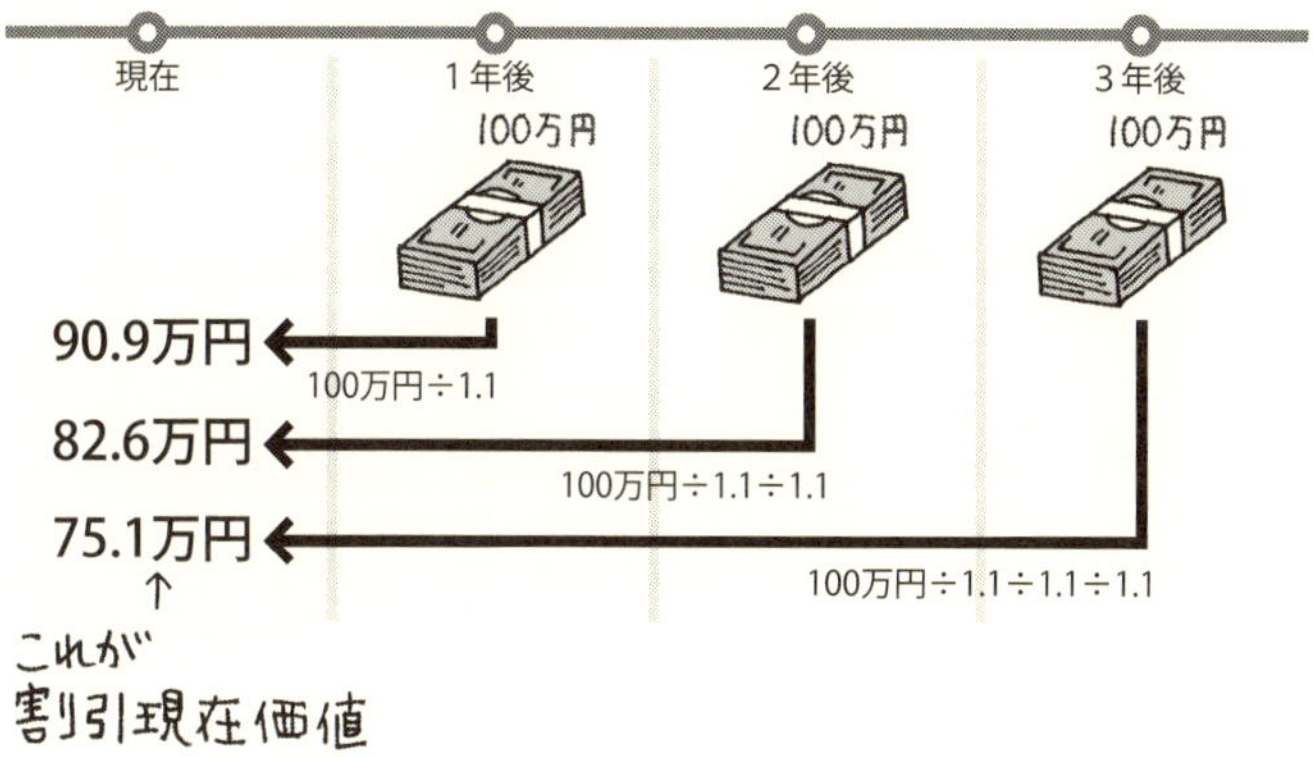

これまで損益計算書をずっと見てきましたが、会社が作成する決算書には**損益計算書**の他に**貸借対照表**というものがあります。

貸借対照表は、会社がどのように資金を調達してそれをどうやって使っているかを示しています。

貸借対照表の右側（簿記では「貸方」と言います）が資金の調達方法を示し、左側（簿記では「借方」と言います）が資金の使途を示します。

投資をするためには必ず資金調達が必要になります。これはもう少し広く考えると会社を運営するには必ず資金調達が必要だということです。

たとえば店舗を新規出店しようとすると、資金を調達してそれを店舗の設備として使うわけですが、その**調達方法（借入など）は貸借対照表の右側**に、**使いみち（設備など）は左側**に示されることになります。

資金調達には必ずコストがかかります！

お金を借りれば（銀行からの借入金など）、当然に利息を払わなければなりません（他人資本に対する利息）。

株式を発行してお金を調達すれば、株主さんに配当を出さなければなりません（自己資本に対する配当）。

この資金調達のために必要なコストを**資本コスト**と言い、その割合を**資本コスト率**と言います。

利息も配当金も「会社が資金調達をする際、必要となるコスト」です。

◎ 貸借対照表とは？

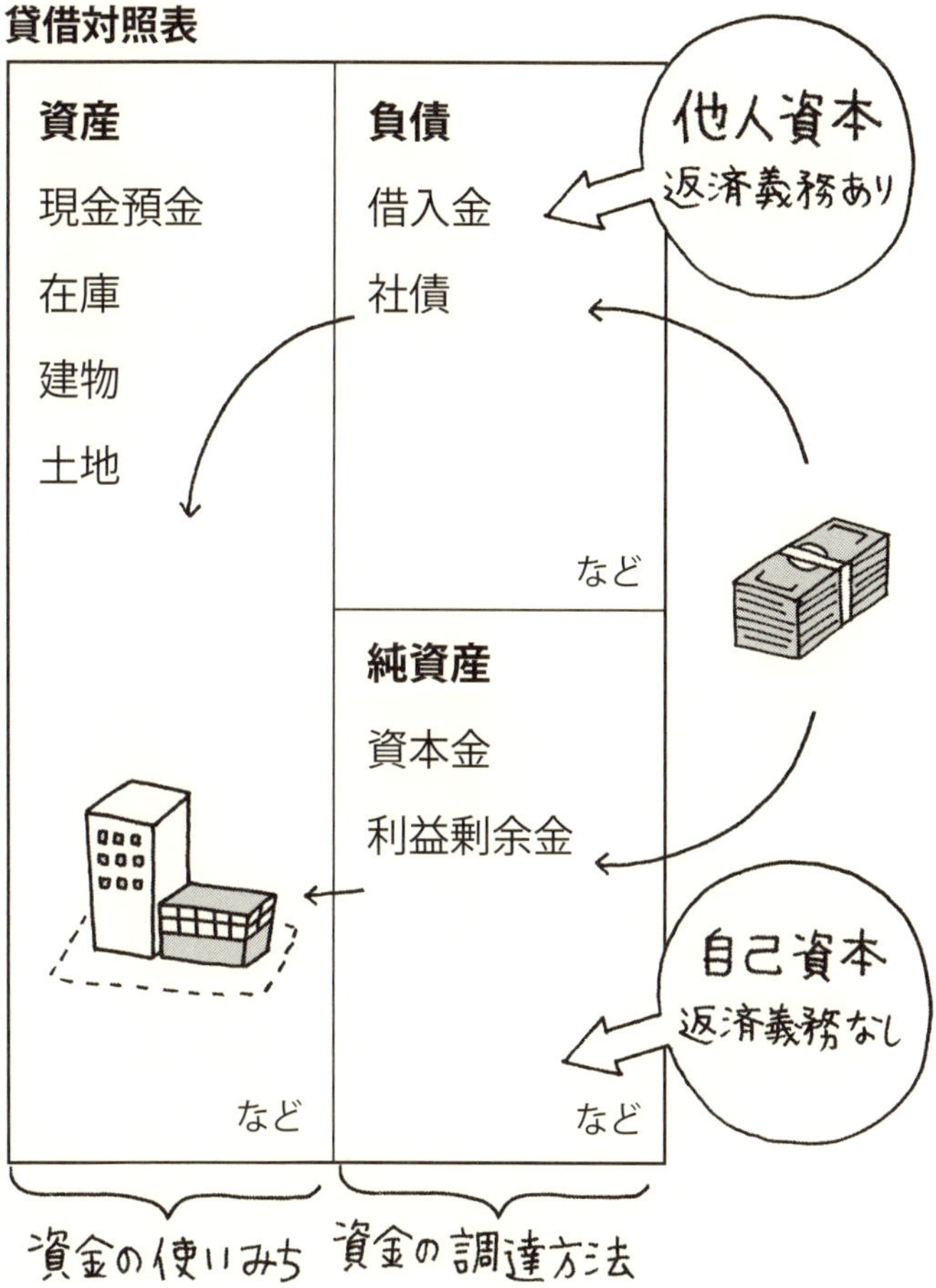
貸借対照表
資産
現金預金
在庫
建物
土地
など
負債
借入金
社債
など
純資産
資本金
利益剰余金
など
他人資本
返済義務あり
自己資本
返済義務なし
資金の使いみち
資金の調達方法

ビジネスを拡大する際には資金調達をすることになりますので、最低でも資本コスト分だけは利益を出さなければいけません。

したがって、**「割引率」には全社的な「資本コスト率」を使う**ことになります。

ＤＣＦ法は、この資本コスト率を使って計算していきます。

ＤＣＦ法による評価

資本コスト率10％として、実際にＤＣＦ法による評価をしてみましょう。投資額を平均出店コストの１８００万円、店舗の1年間の利益を８００万円と見積もったとします。

800万円の割引現在価値

1年目：800万円÷1.1＝727万円

2年目：800万円÷1.1÷1.1＝661万円

3年目：800万円÷1.1÷1.1÷1.1＝601万円

DCF法による投資の意思決定

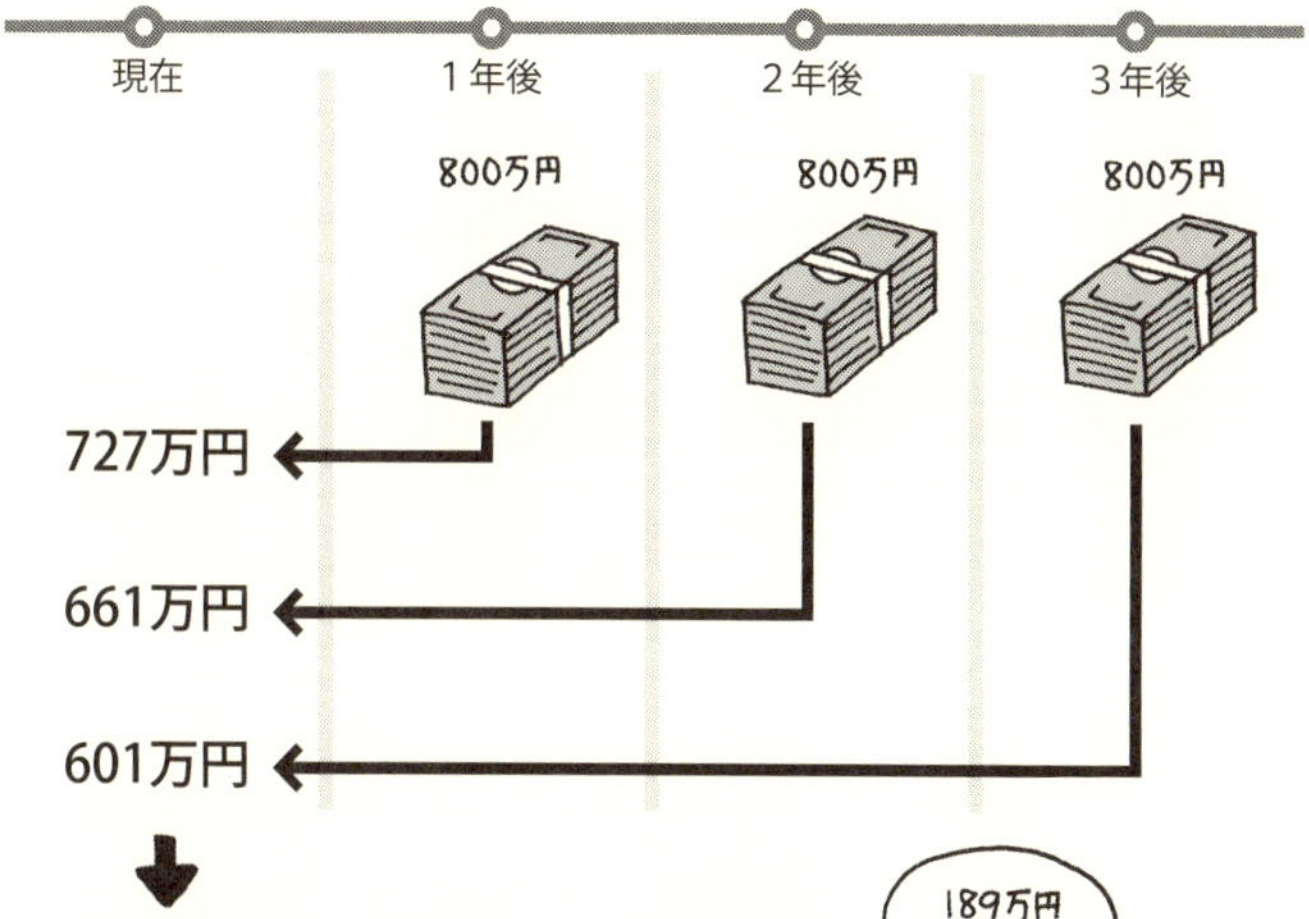

合計 1,989万円　割引現在価値
1,800万円　投資額

189万円

割引現在価値が投資額を上回ったら投資決定！

投資額は1800万円ですから、3年間分の利益の割引現在価値が1800万円を超えていれば、この投資案件は「問題ない」と判断されます。結果は、

727万円＋661万円＋601万円＝1989万円

1989万円－1800万円＝189万円と**プラス**になりますから、「この出店はOK！」と判断されます。これがDCF法による投資の意思決定です（前ページ図参照）。

DCF法の限界

DCF法について、ものすごく単純化して話を展開しましたが、それでも結構難しかったですよね？（実際のDCF法はもっと複雑なんですよ！）

ここまでの説明では**利益＝キャッシュ・フロー**という考え方で説明しましたが、実際には利益とキャッシュ・フローは一致しません。

また、割引率にしても会社全体の資本コストがどれだけかというのは非常に難しい概念です。ところが、割引率が変わると割引現在価値は大きく変わってしまいます。

いまは昔と比較して低金利で資金を調達することが日本では可能なので、資本コストをビジネスにおける意思決定に反映させなければならないか？　という疑問もあります。

そもそも将来の利益（キャッシュ・フロー）の予測がそう簡単にできるのか？　と言うと、変化の激しい現在で5年間、10年間の予測などほとんど意味がないと思います。

つまり、ＤＣＦ法は**「絵にかいた餅」**となってしまうケースが非常に多いのです。

ＤＣＦ法の考え方を知ることはとても大切なことですし、理論的には非常に正しい投資案の評価方法ですが、出店を考える場合には、将来の売上予測や利益予測をより精緻にすることを考えることのほうが重要です。

以上、長くなりましたが、ゆうこりんが新規出店を考えるなら、できるだけ厳しい予測をした上で、しっかり検討してほしいと思います。

そのほうがより正確な意思決定ができますし、失敗したときのリスクを低減することもできると思います。

とにかく「慎重に」「慎重に」が大切です！

第10章

多店舗展開
する？しない？

多店舗展開を考える

新規出店の基準は、ＲＯＩ 40%にすることにしました。たくさんのアドバイスありがとうございました！　これからも、もっと店舗を増やせるようがんばります！

ところでいま物件を探しているんですけど、多店舗展開を考えていく上で、気をつけないといけないことってありますか？

あと、店舗をもっと増やすために、ＦＣ化って考えたほうがいいですか？

物件の選定について考えよう

まずは家賃から考えてみましょうか。

物件探しにおいてはやっぱり家賃交渉は大切ですね。

ただ、家賃が高いか安いかというのは、もちろん近隣の相場によるものもありますが、それ以上に、**その家賃でどれだけの売上をあげることができるか**というのが判断基準のポイントです。

売上は「客単価×客席数×客席回転率」でしたから、物件を決める際のポイントは、「客席数がどれだけ取れる物件か？」が最大の焦点だと思います。

家賃はもちろん、安ければ安いほどいいのでしょうが、客席数に対する家賃の金額というのはポイントとして押さえておいたほうがいいでしょう。

また、家賃だけでなく、敷金や保証金なども重要なポイントですね。敷金も投資額に入りますから、敷金が安くなればそれだけＲＯＩは高くなりますよね？

出店計画を守ろうとするあまりに、割高な物件に手を出してしまい、後で苦労するという事例を本当に多く目にします。

まずはしっかりと客席数に応じた「ゆうこりんの店なりの家賃の基準」を設けて、その範囲内で投資を行っていくことが大切です。

これまでは出店基準を「家賃」と「客席数」だけで考えてきましたが、今後は「ＲＯＩ」も合わせて考えていけば、より安全な出店ができますね。

居抜き物件を狙う！

初期投資額を抑える手段として、**居抜き物件**を狙うという方法もあります。

居抜き物件：別の店舗が撤退した物件をそのままの状態で借りる方法

「焼肉小倉優子」は、これまでも居抜き物件を中心に出店してきましたよね。

もちろん内装の譲渡代金を支払わなければなりませんが、いまは居抜き物件の**オークション**もあったりして、いい物件が安く手に入ることもあるようです。ゼロから自分で内装を作り上げるのと比べればかなり割安に出店をすることが可能になります。

特に同業種の物件に入れれば、大幅に初期投資額を抑えることができますね。

飲食店は、出店退店が激しい業態なので、ぜひ居抜き物件情報を入手できる状況を作り出すことが必要です。

もっとROIを理解しよう

ROIは、

ROI＝利益÷投資額

という式で計算されました。利益には営業利益や経常利益など損益計算書のいろいろな利益を使うことがあります。

投資額として使う数字もいろいろです。

店舗の内装や厨房機器などの額は一般的に入れ込みますが、それ以外に敷金や保証金、調理道具などの備品、店舗で使用する皿やグラスなどの消耗品を入れるかどうかによって、この金額も異なります。

これから店舗展開をする中で「どの指標を使うのがベストか」については、データを取りながら分析をしてみてください。

「経営は生き物」ですから、教科書にある通りにやる必要はありません。自分の店舗に合った基準ができれば、それに勝るものはないのです。ちなみにこれからは過去のデータの分析も必要になってくることでしょう。

分析の基本

教科書や成功事例を真似てみる↓結果を分析する↓オリジナルを作り出す

さて、ＲＯＩは効率性を見るための分析手法なのですが、ただＲＯＩを見るだけでなく、これからはＲＯＩの分析も必要となってきます。

　181ページの図を見てもらえればわかるように、ROIは利益と投資額とをそれぞれ売上高に関連づけることによって、「**売上高利益率**」と「**総資本回転率**」の2つの比率に分解することができます。

売上高利益率とは、売上高に対してどれだけの利益を稼いでいるかを示す指標です。

　このときたとえば利益として経常利益を指標とすれば、売上高経常利益率、つまり売上高に対してどれだけ経常利益を稼いでいるかという収益性を示す指標となります。

総資本回転率とは、調達した資本（資金）をどの程度効率的に使って売上をあげたかを示す指標です。回転率については客席回転率を勉強しましたよね。客席回転率は1つの席にどれだけの人がお客さんとして来るかという効率性を示す指標でした。

　総資本回転率も同じで、調達した資本をどれだけ効率的に運用しているか、たとえば1000万円を調達しても売上が1000万円の場合と売上が10000万円の場合とでは、調達した100万円を使う効率は10倍違うということですね。

ROIの分析については、

家賃を安く抑える＝売上高利益率を高くするという視点
初期投資を抑える＝総資本回転率を高くするという視点

この2つの視点からすることが大切です。

前章でお話ししたROI40％を投資の基準としている居酒屋は、詳細に言えば「**売上高営業利益率20％**」×「**資本回転率2回転**」を出店基準としているそうです。

スケールメリットを活かす

データをもとにROIの基準を含めた出店基準ができたら、これをクリアする物件が現れればいよいよ**一気に出店**です！

基本的に数値が固まって、立地の分析をしたときに売上高が見込めれば、おおむね

ROIを分解してみよう

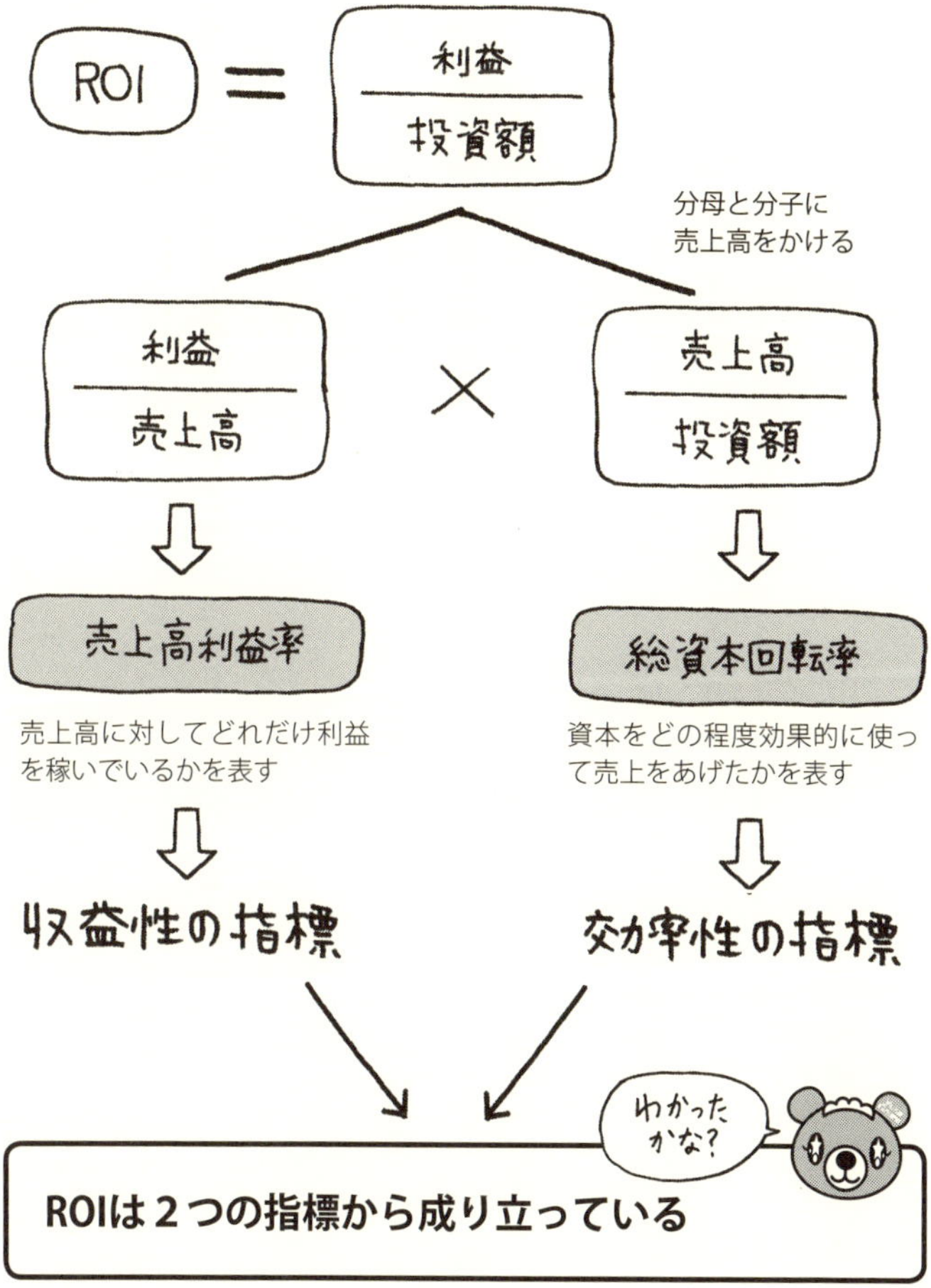
ROI ＝ 利益 / 投資額
分母と分子に
売上高をかける
利益 / 売上高
×
売上高 / 投資額
売上高利益率
売上高に対してどれだけ利益
を稼いでいるかを表す
収益性の指標
総資本回転率
資本をどの程度効果的に使っ
て売上をあげたかを表す
効率性の指標
わかった
かな？
ROIは２つの指標から成り立っている

一定水準のＲＯＩを確保することはできるようになりますので、一気に出店することが可能です。

そして、店舗数を増やすにあたっては、**スケールメリット（規模のメリット）**を活かしながら店舗展開をしていく必要があります。

規模のメリット

- 店舗数が増えればそれだけ仕入れの量が増えるため、取引先と交渉をすることによって仕入れ価格を安くすることができる↓粗利率がよくなる
- メインの肉はもちろん、ドリンクや副食材、グラスやお皿などの備品も同様↓粗利率はさらによくなる
- 新規出店の予定が複数ある場合には、厨房機器業者との交渉を1店舗ずつではなくて複数店舗分でまとめて交渉↓安く交渉することができる

このように店舗数が増えることによって、取引業者にもメリットを提示できれば、こちらもよりよい交渉をすることができ、結果としてＲＯＩの向上につなげることが

できます。
チェーン展開を進めるメリットは十分経営に活かすべきですね。

◎牛の一頭買い（！）

「焼肉小倉優子」ではもうはじめているようですが、短期間である程度の肉を使用するようになったら、**牛の一頭買い**をするのもいいですね。これも「規模のメリット」です。

カルビ、ロースなど部位別に仕入れをするよりも、**牛を丸ごと一頭仕入れる**ことによって、仕入れコストを下げたり、より質のいい肉を仕入れることができるようになります。

食べる人が少なくて仕入れの量が難しい部位についても、一頭買いであればうまくお客さんに提供することができますし、内臓系が好きなお客様にも、いろいろな部位を提供することができて、きっと喜んでもらえると思います。

管理部門を充実させる

店舗数が増えて、売上高が急激に増えたとき、それに見合った**「管理部門」**が整備されていないと、問題が生じるケースがあります。

売上が増えたと喜んでばかりいられないのですね。

「売上の使い込み」などは店舗数が少ない場合は起きにくいですが、店舗数が増えて目が行き届かなくなると、生じてくる問題です。

また、アルバイトも含めて従業員が増えてきますから、従業員の教育も必要となりますし、社内の規程の整備も必要になってきます。

管理部門は売上をあげる部門ではないので、どうしても整備が遅れてしまいます。しかし、それが原因で問題が生じてしまい、急成長をしてきた会社の経営に支障をきたすケースを私はいくつも見てきました。

社内の部門を整備するとともに、**弁護士や公認会計士などの専門家**をうまく使いながら、管理部門を充実させる必要がありますね。

専門家の利用はコストがかかるため非効率のように思えますが、結果的に専門家を使ったほうがいいケースが多くあります。

また、会社の成長ステージに応じて必要となる専門家が異なってくることもあります。はじめはよかった人が、会社が成長するにつれて合わなくなってくることもあるので、定期的に管理部門も含め、見直すことがとても重要です。

私も職業柄いろんな会社を見ていますが、成長を続けていける会社には、不足でも過剰でもない、適切な管理部門が存在していることが多いものです。

FC展開を目指すべきか

多店舗展開をしている飲食店の多くは「**FC展開**」をしていますね。

ＦＣ展開とは**「フランチャイズ展開」**のことで、飲食店やコンビニなどでよく行われています。

店の名前やブランド名、商品などを提供する権利、営業上のノウハウを他人に提供して、自分が展開している店舗と同じイメージの店舗を他人に営業させるかわりに、自分はロイヤリティをもらいます。

ＦＣ展開のメリットは、自分のお金ではなく**他人のお金で店舗展開**ができ、かつ、**ロイヤリティ収入が発生**することですね。

反面、私が考える一番のデメリットは、「経営者の思っているイメージと違う店舗ができてしまう可能性がある」ということです。

特に、飲食店の場合、接客態度がよくない店舗ができてしまうと、他の店舗にも影響して大きなマイナスとなることがあります。

ファストフード店のように、完全にしくみとマニュアルで動ける場合にはいいのかもしれませんが、焼肉店の場合、お客さんと従業員との触れ合いが必ず必要です。で

専門家の手を借りよう

専門家とタッグを組んで会社を成長させよう

すから、完全なマニュアル化というのが難しいのです。

ですから、**FC展開はあえてせず**に、直営店のみでがんばってみてはいかがでしょうか？　将来、従業員の中でどうしても店舗を出したいという人が出てきたときには、一定の基準を設けてFC化してみるのもいいと思います。

「焼肉小倉優子」の精神を理解している人にのみFCのオーナーになってもらうようなしくみを作れば、イメージと違う店舗ができるリスクもなく、しかも従業員のモチベーションが高まりますね。

FC化せずに直営店だけで経営する場合でも、従業員の教育はとても重要です。従業員のモチベーションを高めるためのしくみとして、将来的にはFC化を考えることにして、当面は直営店だけで勝負してみましょう。

おわりに

優子、これまで会計のことなんて考えたこともなかったのに、この本でいろいろと教えてもらって、とっても興味が出てきました。

それで改めて「**会計を知るってホントに大事だな**」って思いました。

これまでは「会計はとっても大切だよ」って言われても、なかなか勉強する機会がなかったし、勉強しなくても何とかなってきたけれど、お店も増えてきたからこれからはもっと勉強しなくちゃ**ダメ**ですね。

会計って普通に生活しているときは全然関係ないと思っていたのに、「**ポイント還元**」とか「**セットメニュー**」とか、どこにでも関係してくるんですね。

だから、会計的なものの考え方とか見方っていうのが、生活をしていく上でとっても大切なんだってことを知りました。

何気なく使っているクレジットカードが「キャッシュ・フロー」なんていう難しい

ものと関係しているなんて、ほんとにびっくりでした。
お店を増やしていくためには、もっと会計の知識・会計的な発想が必要ですね。今後もがんばって会計を勉強していこうと思っているので、優子のこと、これからも応援してくださいね。

２００９年３月

小倉優子

※「焼肉小倉優子」は小倉優子がイメージキャラクターを務める焼肉店です。
（小倉優子は直接店舗運営には参加していません）

五十嵐　明彦（いがらし　あきひこ）

1975年東京都生まれ。1996年、明治大学商学部３年在学時に公認会計士２次試験に合格。

大学在学中から監査法人トーマツに勤務し、国内企業の監査に携わる。2001年には、明治大学特別招聘教授として後輩を指導。

現在は、監査業務を行うほか、税理士法人タックス・アイズの代表社員として税務業務やM&A業務を中心に、幅広い仕事に携わるとともに、明治大学経理研究所およびクレアール会計士アカデミーにて公認会計士受験講座の講師を務める。

著書に「働きながら３年で！公認会計士最短合格の時間術・勉強術」「10日間完成！日商簿記３級」「10日間完成！日商簿記２級商簿」「10日間完成！日商簿記２級工簿」（当社）、「決算書こんなにカンタン」「公認会計士２次試験非常識合格法　実践編（共著）」（すばる舎）などがある。

小倉優子（おぐら　ゆうこ）

1983年千葉県生まれ。2002年『日テレジェニック2002』に選出され、以降、トップアイドルとしてテレビ、CM等で幅広く活躍中。TBS系列経済番組「ざっくりマンデー」では司会も務める。趣味は株・FX をはじめ、料理など幅広い。

焼肉屋は食べ放題なのになぜ儲かるのか？

2009年3月31日　　初版第1刷発行

著　者———五十嵐明彦／小倉優子
発行者———松村直樹
発行所———株式会社インデックス・コミュニケーションズ
〒101-0052　東京都千代田区神田小川町 3-9-2　共同ビル
TEL　03（3295）1658（書籍販売部）
TEL　03（3295）3010（書籍編集部）
http://www.indexcomm.co.jp/
印刷／製本 —中央精版印刷株式会社

ISBN 978-4-7573-0586-1　C0034